KU-585-918

Llafar

Iaith

Cydnabyddiaeth

Cyhoeddir yn ddienw rai darnau o waith a gyflwynwyd ar gyfer arholiadau TGAU Cyd-bwyllgor Addysg Cymru. O bryd i'w gilydd, addaswyd y darnau hyn at ddibenion y gyfrol hon.

Mae'r cyhoeddwyr yn diolch i'r canlynol am roi caniatâd i gynnwys deunydd dan hawlfraint yn y gyfrol hon:
Y Cymro (75, 78); *Golwg* (73, 76–7); Gwasg Carreg Gwalch (74); Gwasg Gomer (68, 70, 74, 75); Y Lolfa (88–9); Urdd Gobaith Cymru (90); Ysgol Gynradd Ffynnonbedr (76).

Pwrpas Bitesize

Mae Bitesize TGAU wedi ei gynllunio i'ch helpu chi i lwyddo yn eich arholiadau TGAU. Mae llyfrau, rhaglenni teledu a gwefan y gallwch fynd atyn nhw, a phob un yno i'ch helpu chi i gael y canlyniadau gorau posibl.

Efallai y gallwch gael y rhaglenni teledu ar fideo yn yr ysgol, neu fe allwch gael gwybod pryd y byddan nhw'n cael eu dangos ar y teledu drwy ffonio 029 2032 2838.

Cyfeiriad y wefan yw:
bbc.co.uk/tgau

Pwrpas y llyfr hwn

Llyfr i'w ddefnyddio wrth adolygu yw'r gyfrol hon.

Mae'n cynnig tri pheth sy'n angenrheidiol wrth adolygu'n llwyddiannus:

1 Mae'r testun wedi ei drefnu a'i esbonio'n ofalus

2 Mae'r ffeithiau a'r syniadau pwysicaf i'w gweld yn amlwg yng nghorff y testun

3 Mae digon o gyfle i ymarfer: yn y cwestiynau byrion yn ymyl y tudalen, yn y cwestiynau ar ddiwedd pob adran ac yn yr ymarferion ar ddiwedd y gyfrol.

Yr un drefn sydd i bob uned:

■ **Crynodeb o'r prif bwyntiau**, cyflwyniad i'r testun a chyfle i chi wneud yn siŵr eich bod yn gwybod eich gwaith. Byddwn yn tynnu sylw at y **pwyntiau pwysig**.

■ Edrychwch ar y **cwestiynau** yn ymyl y tudalen. Ydych chi wedi ystyried y rhain?

■ Sylwch ar yr **awgrymiadau** yn ymyl y tudalen. Maen nhw yno i'ch helpu.

■ Sylwch yn arbennig ar y pethau hanfodol ar gyfer yr **arholiad** ei hun.

Cwestiynau ac atebion disgyblion yn yr arholiad:

■ Fe welwch chi gwestiynau arholiad ac atebion enghreifftiol yn ogystal â sylwadau sy'n tynnu sylw at y cryfderau yn yr atebion.

Cymraeg
Iaith Gyntaf

Alun Jones
Nia Royles

Argraffiad cyntaf – 2004

Cynllun adolygu TGAU Bitesize: BBC Worldwide Ltd. (Children's Learning)

ISBN 1 84323 404 1

Copyright © ACCAC/CBAC 2004 ⓗ
Copyright © BBC Worldwide Ltd. (Children's Learning) 2004 ⓗ

Comisiynwyd â chymorth ariannol Awdurdod Cymwysterau, Cwricwlwm ac Asesu Cymru
Cyhoeddwyd dan nawdd Cynllun Cyhoeddiadau Cyd-bwyllgor Addysg Cymru

Cedwir pob hawl. Ni chaniateir atgynhyrchu unrhyw ran o'r cyhoeddiad hwn, na'i gadw mewn cyfundrefn adferadwy, na'i drosglwyddo mewn unrhyw ddull na thrwy unrhyw gyfrwng, electronig, electrostatig, tâp magnetig, mecanyddol, ffotogopïo, recordio, nac fel arall, heb ganiatâd ymlaen llaw gan y cyhoeddwyr, Gwasg Gomer, Llandysul, Ceredigion, Cymru.

Argraffwyd yng Nghymru gan
Wasg Gomer, Llandysul, Ceredigion SA44 4JL

ACC. No: 02399720

 Gomer

Cynnwys

Defnyddio'r llyfr hwn

Mae'r gyfrol yn trafod tri maes:

Barddoniaeth

Caiff ystyr a phwrpas y cerddi gosod eu dadansoddi, a chaiff delweddau, strwythur a mesurau'r cerddi eu trafod. Mae'r cyfan yn berthnasol i ofynion y cwestiynau ar y papur arholiad. Fe welwch chi'r cerddi yn cael eu rhestru o dan y penawdau hyn:

- Pigo Cydwybod
- Ieuenctid a Bywyd Cyfoes
- Rhyfel a Thrais
- Cerddi Natur
- Cymru a Chymreictod

Nofelau

Caiff nofelau'r Haen Sylfaenol a'r Haen Uwch eu trafod. Mae dadansoddiad o rai o'r cymeriadau, y ddeialog, yr awyrgylch a'r arddull sydd yn y nofelau hyn. Hefyd mae arweiniad ar sut i ateb cwestiynau ar y papur arholiad.

Ar gyfer yr arholiad Llenyddiaeth, rhaid cyflwyno gwaith cwrs. Mae tasg greadigol wedi ei seilio ar ddrama a thasg feirniadol wedi ei seilio ar ddarllen personol. Gweler tt. 90 a 92 am atebion enghreifftiol a sylwadau arnynt.

Iaith

Mae pob agwedd ar yr arholiad iaith yn cael ei thrafod. Fe gewch chi arweiniad ar gyfer y gwaith cwrs, y papur arholiad allanol a'r arholiad llafar. Mae pwyslais hefyd ar y gwahanol ffurfiau ysgrifenedig ac ar ysgrifennu'n gywir.

Mae pob uned yn rhoi'r pwyntiau pwysig yn glir i chi. Astudiwch y rhain. Dysgwch y dyfyniadau yn yr unedau llenyddiaeth. Gwnewch yn siŵr eich bod yn gwybod beth yw'r sgiliau angenrheidiol ar gyfer pob ffurf ysgrifenedig (dyddiadur, ymson, portread ac ati). Fe fyddwch chi'n defnyddio'r rhain wrth ateb cwestiynau yn yr arholiad iaith a'r arholiad llafar. Gwnewch nodiadau yn ymyl y tudalen. Eich llyfr chi yw hwn.

Ar ddiwedd pob uned, ewch at yr ymarfer. Taclwch hwn fel pe baech mewn arholiad. Yna ewch at ddiwedd y llyfr. Mae sawl math o help yma gan gynnwys atebion sy'n anelu at y graddau gorau. Ar dudalennau 103-4 mae rhestr o dermau ac enghreifftiau hefyd. Astudiwch y rhain a gwnewch yn siŵr eich bod yn eu deall ac yn eu hadnabod.

Cofiwch hefyd ymarfer eich llafar. Fe allwch chi ennill marciau da, dim ond i chi fagu hyder a defnyddio geirfa dda a chystrawennau Cymraeg.

Cynlluniwch eich adolygu

Fe allwch chi gael graddau gwell drwy gynllunio eich adolygu'n ofalus. Peidiwch â gadael y cyfan tan y funud olaf!

- Gwnewch yn siŵr eich bod yn gwybod beth yw dyddiad ac amser eich arholiadau.
- Penderfynwch faint o amser bob dydd a phob wythnos – yn hollol realistig – y gallwch chi roi i adolygu. Nid dim ond adolygu Cymraeg sydd gennych.
- Efallai y byddai'n syniad dechrau adolygu tua mis Mawrth, tri mis cyn yr arholiadau, gan adolygu un uned ar y tro. Ceisiwch weithio am 50 munud ac yna cymerwch egwyl am 10 munud.
- Peidiwch ag adolygu'r gwaith unwaith yn unig. Mae angen mynd yn ôl ato ymhen diwrnod ac yna ymhen wythnos. Dyna sut mae ennill hyder.
- Lluniwch amserlen adolygu sy'n cynnwys pob pwnc, a chadwch ati.
- Wrth adolygu gwnewch yn siŵr:
  - bod y lle'n dawel
  - bod pob dim wrth law: beiro, papur, llyfrau a geiriadur
  - na fydd yn bosibl tecstio na ffonio ond yn ystod y 10 munud o egwyl!
  - eich bod yn cadw at eich amserlen.

Yr arholiad llafar

Ar gyfer **eich arholiad llafar iaith**, bydd angen:

- paratoi, trafod a mynegi barn mewn grŵp
- cyflwyno gwybodaeth yn unigol.

Ar gyfer **eich arholiad llafar llenyddiaeth**, bydd angen:

- paratoi ac yna sgwrsio mewn grŵp am ffilm rydych wedi'i hastudio.

Drwy gydol y flwyddyn, manteisiwch ar bob cyfle a gewch chi i weithio mewn grŵp o dri ac i ymarfer siarad Cymraeg da, gan fod hanner y marciau am iaith a mynegiant.

Yr arholiad ysgrifenedig

Yn ystod eich cwrs TGAU bydd angen i chi gyflawni sawl math o dasg ysgrifenedig.

Ar gyfer eich **gwaith cwrs iaith**, bydd angen cyflwyno:

- tasg greadigol wedi'i seilio ar waith llenyddol
- tasg sy'n trafod a mynegi barn ar sail gwybodaeth a gasglwyd
- tasg greadigol bersonol.

Ar gyfer eich **gwaith cwrs llenyddiaeth**, bydd angen cyflwyno:

- tasg feirniadol wedi'i seilio ar ddarllen personol
- tasg greadigol wedi'i seilio ar ddrama.

Yr arholiad ysgrifenedig *parhad*

Ar gyfer eich **arholiad allanol iaith**, bydd angen:

- ymateb i ddarnau darllen, gan gyflwyno gwybodaeth ac esbonio, dadansoddi a chymharu
- ysgrifennu mewn amrywiaeth o ffurfiau ac at wahanol ddibenion.

Ar gyfer eich **arholiad allanol llenyddiaeth**, bydd angen:

- ymateb sensitif a manwl i ddetholiad o gerddi
- ymateb sensitif a manwl i nofel.

Does dim gwahaniaeth pa fath o ysgrifennu ydyw, bydd **rhaid edrych drosto'n fanwl a chael gwared ar y gwallau.**

Cyn i chi ddechrau ysgrifennu, mae'n hollbwysig **gwneud cynllun.**

- Nodwch ar bapur y syniadau y gallech chi eu cynnwys yn y gwaith.
- Rhowch drefn arnyn nhw.
- Penderfynwch ar drefn y paragraffau.
- Penderfynwch pa fath o arddull sydd ei angen – yn dibynnu ar bwrpas y darn.
- Lluniwch agoriad trawiadol a diweddglo da i'r gwaith.

Ar ôl dechrau ysgrifennu, mae'n hollbwysig **bwrw golwg dros y gwaith yn gyson.**

Wrth i chi ysgrifennu, ar ddiwedd pob paragraff, ailddarllenwch eich gwaith. Cywirwch unrhyw wallau a gwnewch yn siŵr fod y cynnwys yn berthnasol i'r dasg.

Wedi gorffen ysgrifennu, ailddarllenwch y cyfan unwaith eto. Efallai bydd angen newid ambell beth. Gwnewch yn siŵr eich bod wedi sillafu'r geiriau'n gywir ac wedi atalnodi'n gywir.

Pa gwestiwn bynnag y byddwch yn ei ateb, bydd yn rhaid ystyried y math o ysgrifennu. Yn yr arholiad ysgrifenedig llenyddiaeth, er enghraifft, bydd angen dadansoddi'r llenyddiaeth ac ymateb iddi. Yn ogystal bydd angen creu darnau creadigol eu naws megis llythyr, ymson a phortread. Felly, ar gyfer yr arholiadau iaith a llenyddiaeth bydd angen rhoi sylw manwl i'r math o iaith ac arddull sydd yn briodol i'r ffurfiau hyn.

Diwrnod yr arholiad

Cofiwch gyrraedd mewn da bryd. Yn eich meddwl ewch dros rai o'r pwyntiau pwysig.

Yn yr arholiad:

- Darllenwch y cwestiynau'n ofalus.
- Darllenwch unrhyw ddarn darllen yn ofalus.
- Rhowch gylch o gwmpas y geiriau allweddol yn y cwestiwn ac yn y darn darllen.
- Sylwch faint o farciau sydd i'r cwestiwn ac yna penderfynwch ar hyd yr ateb, neu faint o bwyntiau sydd angen eu cynnwys.
- Cadwch lygad gofalus ar y cloc er mwyn sicrhau bod amser i ateb pob cwestiwn.

Nawr rydych chi'n barod i ddechrau defnyddio'r llyfryn BITESIZE Cymraeg.
Pob hwyl gyda'r gwaith!

RHAID

➤ Chwilio am brif nodweddion cerdd

➤ Defnyddio dyfyniadau i gefnogi eich dadl

➤ Datblygu eich dadl

A Defnyddio dyfyniadau

PWYSIG

Wrth drafod barddoniaeth, mae'n bwysig cefnogi'r pwyntiau a wnewch chi trwy gyfeirio at y testun. Dilynwch y camau hyn:

1 Dechreuwch drwy wneud gosodiad. (G)

2 Chwiliwch am ddyfyniad sy'n cefnogi'r gosodiad. (D)

3 Datblygwch y gosodiad drwy ymhelaethu. (Y)

PWYSIG

Er mwyn ennill marciau da, cofiwch gyflwyno eich gosodiad yn eglur, yn ogystal â'r dyfyniad i'w gefnogi. Dilynwch y camau hyn:

1 Ar ddiwedd eich gosodiad defnyddiwch colon (:).

2 Dechreuwch linell newydd i'r dyfyniad.

3 Rhowch y dyfyniad mewn 'dyfynodau'.

4 Defnyddiwch linell newydd i drafod neu ymhelaethu ar y dyfyniad.

- Dylai eich gwaith ddilyn y patrwm hwn felly:

> Mae'r bardd Gwyn Thomas yn y gerdd 'Damwain' yn dangos mor erchyll yw'r olygfa drwy ddisgrifio darnau o'r car yn gymysg â darnau o gorff Arwyn: (G)
> > 'O gwmpas, picellau gwydyr a gwythiennau,
> > Rhychau o siwt a chnawd,' (D)
> Llwydda'r bardd i ychwanegu at yr erchylltra drwy ddefnyddio trosiad, 'picellau gwydyr'. Rydyn ni'n cysylltu picell â rhyfela ac felly â marwolaeth, sydd yn addas yn y gerdd hon gan fod Arwyn wedi ei ladd. (Y)

PWYSIG

Sylwch nad oes angen i chi ddefnyddio llinell newydd wrth ddefnyddio dyfyniad byr.

- Fe gewch chi ddefnyddio **dyfyniadau byrion** i gefnogi eich dadl hefyd. Cofiwch roi'r geiriau mewn **dyfynodau**.

> Llwydda'r bardd i ychwanegu at yr erchylltra drwy ddefnyddio trosiad, 'picellau gwydyr'. Rydyn . . .

B   Y nodweddion hanfodol

WYSIG

Chwiliwch am rai o brif nodweddion arddull y gerdd gan gyfeirio at y delweddau.

- Er enghraifft, fe allwch chi nodi:

  Cyffelybiaeth → *'Cerrig wal, a'r car arnynt fel sgrech.'*

  Trosiad → *Ac y mae'r meclin yn llithrig gan einioes.'*

- Dychmygwch olygfa o'r car wedi ei chwalu mewn damwain ar y ffordd. Sut mae'r delweddau hyn yn ychwanegu at y darlun?

- Wrth drafod y gerdd fe allech chi ddefnyddio hyn fel patrwm:

  Mae'r bardd yn dangos canlyniadau'r ddamwain yn fyw i ni drwy ddisgrifio'r car ar y wal gerrig. Mae'n ei ddisgrifio yno 'fel sgrech'. Gallwn glywed sgrechian y teiars, ond hefyd gallwn ddychmygu bod sgrech wedi dod o enau Arwyn wrth iddo sylweddoli bod damwain yn anochel. Llwydda'r bardd i asio wrth ei gilydd y difrod a wnaed i'r car ochr yn ochr â'r niwed i Arwyn ac yn wir ei farwolaeth.

C   Datblygu'r ddadl

WYSIG

Er mwyn datblygu dadl rhaid cydio mewn dadl sydd wedi cael ei defnyddio eisoes ac ehangu arni.

- Fe allech chi ysgrifennu rhywbeth tebyg i hyn:

  Wedi damwain car mae'r ffordd yn llithrig fel arfer oherwydd bod petrol ac olew wedi gollwng arni. Ond yn y gerdd hon dywed y bardd fod wyneb y ffordd 'yn llithrig gan einioes'. Yn llythrennol mae gwaed Arwyn wedi ei golli ar y ffordd, ond hefyd mae fel petai ei fywyd wedi cael ei arllwys arni a'i farwolaeth wedi ei gwneud hi'n llithrig. Unwaith eto felly mae'r bardd wedi cyfosod y car ac Arwyn.

  Rydyn ni'n ehangu'r ddadl drwy gyfeirio at ddelwedd arall, ac mae'r ddelwedd honno'n pwysleisio'r ffaith bod Arwyn wedi ei ladd.

YMARFER

1 Mae newid amlwg yng nghynnwys ac arddull y gerdd yn y trydydd pennill. Trafodwch y newid hwn gan gofio:

    Gwneud gosodiad pendant [G]
    Defnyddio dyfyniad [D]
    Ymhelaethu ar y gosodiad gwreiddiol [Y].

RHAID

➤ Penderfynu a yw'r cerddi hyn yn pigo eich cydwybod

➤ Ystyried sut mae'r cerddi hyn yn llwyddo neu'n methu

HSU

A   Cymharu cynnwys cerddi

1 'Wedi'r Ŵyl'

Pigo ein cydwybod ynglŷn â'r Nadolig mae'r bardd Ceri Wyn Jones. Yr addurniadau sy'n bwysig ac nid gwir arwyddocâd y Nadolig. Disgrifia'r broses o lapio doli'r baban bach mewn hen gadach a'i rhoi yn y llwch yn yr atig am flwyddyn arall. Caiff y ddoli a'r hyn y mae'n ei gynrychioli, sef geni'r baban Iesu, eu hanghofio.

2 'Pam fod eira'n wyn'

Pigo ein cydwybod fel Cymry mae Dafydd Iwan. Fel cadeirydd Cymdeithas yr Iaith yn y 1970au, cafodd ei feirniadu'n llym gan lawer. Fel ymateb i'r feirniadaeth, ac er mwyn esbonio pam y gweithredodd, fe ysgrifennodd y gerdd hon.

Cw.
Pa gerdd sy fwyaf perthnasol i chi? Pam?

- Yn y pennill cyntaf, ynghanol gogoniant byd natur a thrwy ddagrau ei gariad, mae'n ein denu i ystyried bod gweithredu dros Gymru'n *'iawn'.*

- Yn yr ail bennill mae'n apelio at ein profiad o'r mwynhad o fod yng nghwmni ffrindiau, cael sgwrs felys tra bo alawon cyfarwydd Cymru yn ein clustiau. Rydyn ni'n *'perthyn'* i'r traddodiad hwn.

- Mae'r trydydd pennill yn ein gorfodi i edrych ar anghyfiawnderau'r gorffennol: brwydr y glowyr a'r chwarelwyr, tlodi Cymru wledig a thrais y Welsh Not. Apêl Dafydd Iwan yw gofyn i ni sefyll ysgwydd wrth ysgwydd fel Cymry, *'sefyll dros fy mrawd'.* Sefyll dros ryddid, gwirionedd, cyfiawnder a *'cariad at bobl ac at dir'.* Mae'r rhesymau dros frwydro mor amlwg felly â'r ffaith *'bod eira'n wyn'.*

B   Sut mae'r beirdd yn pigo ein cydwybod?

Efallai bod rhaid i achos olygu rhywbeth i chi cyn y gall cerdd bigo eich cydwybod – Cristnogaeth Ceri Wyn Jones a gorthrwm yn erbyn pobl, gwlad ac iaith yn achos Dafydd Iwan.

PWYSIG

> Cofiwch mai dim ond chi a all benderfynu a yw'r cerddi yn pigo eich cydwybod.

Bydd llwyddiant bardd i bigo'r cydwybod hefyd yn dibynnu ar ei ddefnydd o iaith.

Cw.
Ydy cwpled agoriadol Ceri Wyn yn eich taro chi yn eich talcen? Pam?

- Yn 'Wedi'r Ŵyl' defnyddia'r bardd wrthgyferbyniad effeithiol i agor y gerdd:

    'Ŵyl y byw yn ôl i'w bedd.'

- Yn drosiadol, yr atig yw'r bedd, oherwydd caiff *'doli'r babi bach'* ei chladdu a'i hanghofio am flwyddyn arall. Sylwn cyn lleied o barch a gaiff wrth iddi gael ei lapio mewn *'hen gadach'* a'i gosod *'yng ngwely'r llwch'* ac yng *'nghrud ei alltudiaeth'.*

ofiwch

Mae mwy o
ybodaeth am y
ermau hyn ar dud.
03-4:

gwrthgyferbyniad

trosiad

symbol

delwedd

ailadrodd

cyffelybiaeth

B

- Mae'r ddoli, wrth gwrs, yn symbol o Iesu Grist a gafodd ei eni i achub dynolryw, ond a gaiff ei wrthod heddiw a'i anghofio.

- Trosiad yw'r *'ogof'* o'n byd ni o dywyllwch na all weld y goleuni a ddaeth i'r byd ar ffurf baban.

- Fe welwch chi fod Ceri Wyn Jones yn pentyrru delweddau Cristnogol. Mae'n dewis y gair *'cadach'* a'r gair *'crud.'* Dioddefodd Crist *'alltudiaeth'* yn yr Aifft, a phan fu farw *'ogof'* oedd ei *'fedd.'* Ond fe atgyfododd ac mae'n fyw ac yn *'oleuni'* i'r byd.

- Mae ailadrodd yn arf pwysig gan Dafydd Iwan i bwysleisio hyfrydwch byd natur, ac mae'n dechneg sy'n gymorth i hoelio sylw'r gynulleidfa wrth i'r gân gael ei pherfformio:

  'Pan fydd haul . . .' 'Pan fydd gwynt . . .' 'Pan fydd blodau . . .'

  Yr ailadrodd pwysicaf oll sy'n tanlinellu ei ffydd a'i hyder yn ei weithredoedd yw *'Rwy'n gwybod'.* Mae'r ymadrodd i'w weld gyntaf oll ar ddiwedd y pennill cyntaf:

  'Rwy'n gwybod bryd hynny,
  Mai hyn sydd yn iawn.'

  Sylwch mor effeithiol ydyw yn y gytgan, er mwyn cael y dorf i uniaethu â'i werthoedd.

- Mae cyffelybiaethau hefyd yn gallu creu awyrgylch swynol ac yn harddu'r gerdd:

  'dagrau f'anwylyd fel *gwlith ar y gwawn.'*

  Yn y trydydd pennill defnyddia'r bardd ddelweddau pwerus i gyfleu dioddefaint a thlodi. Y glöwr â'i *'graith',* y chwarelwr â'i *'waed ar y garreg las'* a'r tyddynnwr *'yn cribo gwair i'w das.'* Dioddefaint y werin sy'n cael ei ddisgrifio yma, gan greu naws ac awyrgylch gwahanol iawn i swyn y penillion blaenorol. Mae'r pennill olaf mewn gwrthgyferbyniad llwyr â'r ddau bennill cynt felly.

Cw.

Trafodwch pa
mor effeithiol
yw'r ailadrodd
yng ngweddill y
gerdd ac i'r
neges y mae'n
ceisio ei
chyflwyno.

C ## Ydy mesurau'r cerddi yn help i gyfleu'r neges?

Cywydd byr mewn 12 llinell yw 'Wedi'r Ŵyl' gan Ceri Wyn Jones. Dwy frawddeg sydd i'r cywydd. Mae'r frawddeg agoriadol yn disgrifio sut y caiff y ddoli ei rhoi yn yr atig tra bo'r ail frawddeg yn myfyrio dros y weithred hon.

Cerdd rydd yw cân Dafydd Iwan, penillion wyth llinell gyda'r ail linell yn odli gyda'r bedwaredd a'r chweched gyda'r wythfed. Yn y gytgan mae'r ail linell yn dal i odli gyda'r bedwaredd, ond hefyd mae'r tair llinell olaf yn odli gyda'i gilydd gan dorri ar y patrwm.

YMARFER

1 Edrychwch ar gerddi'r uned 'Pigo cydwybod'. Neges pa un a lwyddodd i bigo eich cydwybod chi? Rhowch resymau pam. Oes cerdd na lwyddodd? Pam?

RHAID

➤ Ystyried a ydy gwybod am gefndir bardd yn gymorth i ddeall cerdd

➤ Chwilio am yr hyn sy'n amlwg

➤ Chwilio am yr ystyr sydd rhwng y llinellau

HSU

A   Dod o hyd i safbwynt y bardd

PWYSIG

Gall fod yn bwysig gwybod rhywfaint am gefndir bardd er mwyn deall cerdd.

- Cafodd Bryan Martin Davies ei fagu ym mhentref glofaol Brynaman yn ystod tridegau'r ugeinfed ganrif. Roedd hwn yn gyfnod o ddirwasgiad, ansicrwydd gwaith yn y pyllau glo ac felly heb sicrwydd cyflog i fagu teulu. Byddai ymweld â glan y môr yn Abertawe'n ddihangfa bleserus i'r bardd a'i ffrindiau.

PWYSIG

Edrychwch drwy lygaid y bardd ar yr hyn sy'n amlwg.

- Rydyn ni'n gweld y cyfan drwy lygaid y bardd. Edrychwch ar y berfau:

     'ymdeithiem', 'eisteddem', 'dilynem', 'sbiem'.

  Hefyd mae'n defnyddio: *'ein llygaid', 'a ninnau'n ffoaduriaid'.*

  Felly, rydyn ni'n gwybod bod cwmni gan y bardd yn Abertawe un Sadwrn braf.

PWYSIG

Chwiliwch am yr ystyr gudd.

- Pwy yw'r cwmni? Sut mae'r bardd a'i ffrindiau'n mwynhau ar lan y môr? Mynd at y *'cychod a chestyll a chloc o flodau'* wnaethon nhw, gwylio'r gwylanod a sbïo'n syn ar *'y llongau banana melyn'.*

- Mae pawb yn gweld *'y pensil coch o drên'*, a *'dartiau gwyn y gwylain'*. Sylwch ar y **trosiadau** hyn, ac ar **ansoddeiriau** ac **adferfau** fel *'ein llygaid newynog yn syllu'n awchus'.*

  Mae hyn yn awgrymu mai drwy lygaid plentyn rydyn ni'n gweld yr olygfa yn y ddau bennill agoriadol.

PWYSIG

Sylwch ar y newid yn y pennill olaf.

Cofiwch
Bydd disgwyl i chi roi enghreifftiau o nodweddion fel trosiadau a gwrthgyferbyniad.

- Ond daw newid yn y pennill olaf wrth i'r bardd ddefnyddio'r **trosiad** *'ffoaduriaid'* ac wrth iddo gyfeirio at *'totalitariaeth glo'*. Daw yn amlwg fod y bardd yn berson mewn oed sy'n ail-fyw ei blentyndod, yn myfyrio dros ei brofiad ac yn gweld y **gwrthgyferbyniad** rhwng rhyddid diwrnod yn Abertawe a chaethiwed y *'dyffryn du'* lle mae dynion a chymdeithas gyfan dan orthrwm y byd cyfalafol.

B Strwythur y gerdd

- Mae'n hawdd gweld bod tri phennill yn y gerdd:

> Mae pennill 1 yn disgrifio ymweld ag Abertawe un Sadwrn braf a'r hyn a wnaeth y bardd yno

> Mae pennill 2 yn disgrifio yr hyn a welodd ar y traeth pan oedd efallai ar drip Ysgol Sul gyda'i ffrindiau

> Mae pennill 3 yn myfyrio dros y profiad o adael ei bentref glofaol a theimlo '*rhyddid byr*' wrth fwynhau ar lan y môr.

> Cerdd yn y **wers rydd** yw 'Glas'. Edrychwch sut mae hyd y llinellau'n wahanol i'w gilydd a sut mae'r bardd yn amrywio rhythmau'r llinellau'n bwrpasol. Does dim odl ychwaith.

Cw.
Nodwch dair cerdd arall a ysgrifennwyd yn y **wers rydd**.

PWYSIG

C Iaith ac awyrgylch y gerdd

Penillion 1 a 2
Cawn ddarlun o hwyl pobl ifainc. Caiff hyn ei gyfleu yn y defnydd **trosiadol** o'r **berfenw** yn '*yfed y glesni*', a chaiff pleser pur y profiad ei fynegi yn y disgrifiad o'r môr, sy'n cael ei bersonoli, yn '*rhowlio chwerthin ar y traeth*'.

Sylwch ar y defnydd effeithiol o liwiau. Mae'r glesni'n amlwg: '*Sadyrnau'n las*', '*rhimyn glas y bae*', '*y gwydr glas*'. Cawn liwiau eraill hefyd fel '*y pensil coch o drên*' a'r '*llongau banana melyn*'.

Pennill 3
Mae holl naws ac awyrgylch y gerdd yn newid yn y trydydd pennill. Du yw'r lliw bellach, '*o ddyffryn du*', gan mai pentref glofaol yw pentref y bardd a '*rhyddid byr*' a gafwyd.

Y clo sy'n dangos bod y bardd yn dianc wrth fynd i Abertawe am ddiwrnod. Nid casáu ei bentref y mae ond dianc rhag tlodi a gormes y gwaith glo. Mae'r geiriau '*totalitariaeth glo*' yn awgrymu bod y pyllau glo a'u perchnogion yn bwrw cysgod dros y pentref a'i drigolion.

Cw.
Pe bai'r bardd wedi ysgrifennu'r gerdd pan oedd yn blentyn a fyddai'r gerdd wedi bod yn wahanol?

PWYSIG

> Cofiwch sut mae defnyddio dyfyniadau yn eich atebion.

Gwneud gosodiad [G];
Defnyddio dyfyniad [D];
Datblygu'r gosodiad drwy ymhelaethu [Y].

YMARFER

1 Darllenwch y gerdd 'Glas' unwaith eto. Edrychwch yn ofalus ar ddefnydd y bardd o'r ansoddair 'glas'. Oes gwahanol ystyron iddo yn y gerdd?

2 Ydy'r bardd yn amrywio hyd y llinellau yn llwyddiannus? Cofiwch roi tystiolaeth o'r testun i gefnogi eich ateb.

Ymateb i gerdd
'Far Rockaway' gan Iwan Llwyd

RHAID

➤ Deall i'r bardd gael ei swyno gan enw'r lle

➤ Darganfod crefft y bardd wrth iddo drosglwyddo swyn yr enw i ni

HU

A Deall swyn Far Rockaway er mwyn ymateb

- Mewn trên ar ôl teithio trwy'r nos y cyrhaeddodd Iwan Llwyd Far Rockaway. Yr Indiaid roddodd yr enw i'r lle, sef Rechouwacky, 'man ein pobl'. Heddiw, Far Rockaway yw'r enw ar un o faesdrefi glan môr Efrog Newydd. Bellach mae llawer o arwyddion bod y lle wedi gweld dyddiau gwell: traethau budron, heddlu arfog, graffiti.

PWYSIG

> Yr enw sydd wedi swyno'r bardd.

- Mae rhyw hud rhyfeddol yn perthyn i ambell enw:

> *'mae cusan hir yn enw'r lle –*
> *Far Rockaway, Far Rockaway'*

Roedd cysylltiad enw'r lle â roc-a-rôl a'r syniad o deithio i ffwrdd yn ychwanegu at ei hud i Iwan Llwyd.

B Ymateb i grefft y bardd wrth iddo gyfleu'r swyn i ni

1 Ailadrodd
Mae gan Iwan Llwyd sawl ffordd o gyfleu'r swyn. Ym mhob pennill mae'n ein denu i ganu gyda fe ac i ymdeimlo â sigl *'enw'r lle'*:

> *'Dwi am fynd â thi i Far Rockaway,*
> *Far Rockaway.'*

Cw.

Chwiliwch am yr ailadrodd ym mhenillion 2 a 3.

Defnyddia dechnegau **ailadrodd** a **phentyrru** i gyfleu ei ymateb i'r lle. Wrth ddefnyddio'r technegau hyn, mae'r bardd yn llwyddo i greu argraff o'r lle a mynegi pleser ei brofiad yno.

2 Delweddau
Mae Iwan Llwyd yn defnyddio **cyfres o ddelweddau** i fynegi ei atyniad at yr enw Far Rockaway:

> *'yn gitâr yn fy mhen, yn gôr*
> *o rythmau haf a llanw'r môr.'*

Cw.

Chwiliwch ym mhenillion 2 a 3 am ddelweddau eraill sy'n cyfleu hud yr enw.

Pa rythmau? Rhythmau canu gwlad? Rhythmau pennill telyn fel *'Ar lan y môr mae rhosys cochion'*? Neu ai rhywbeth â sigl araf synhwyrus iddo sydd fel *'llanw'r môr'* ac sy'n hudo'r bardd? Fe allwch chi ymateb fel y mynnwch, dim ond i chi ymglywed â'r swyn.

B

3 Gwrthgyferbyniad

Sylwch ar y **gwrthgyferbyniadau** yn y gerdd hon. Dyma rai enghreifftiau:

> *'Lle mae* enfys y graffiti'n ffin,'

> *'Lle mae* cwr y ne
> yn golchi'i thraed ym *mudreddi'r traeth.'*

Dyw'r graffiti na budreddi'r traeth yn tarfu dim ar yr hud a lledrith sydd yn yr enw.

PWYSIG

> Mae gwrthgyferbyniad rhwng y lle fel ag y mae yn awr a'r darlun hudolus y mae'r bardd wedi ei greu yn ei ddychymyg.

C — *Ymateb i'r profiad o fod yn bell oddi cartref*

Pan awn ni i rywle newydd rydyn ni'n siŵr o gwrdd â rhywun sydd â rhyw gysylltiad â ni. Yn Far Rockaway mae gwefr *'o fod yn nabod neb'* ac o allu crwydro yn *incognito*. Dyma ran o swyn America i'r bardd. Gall fod yn hollol rydd yno a mwynhau pleserau arwynebol y foment. Hyn sy'n gwneud iddo weld pethau mor wahanol efallai:

> *'Lle mae heddlu'r dre
> yn sgwennu cerddi wrth ddisgwyl trên
> ac yn sgwrsio efo'u gynnau'n glên.'*

Mae hyn yn llawn **eironi**. Yn lle gweld yr heddlu fel swyddogion bygythiol yn cario gynnau, mae'n eu gweld fel beirdd a'u disgrifio'n *'sgwrsio'* yn glên *'efo'u gynnau'*, yn hytrach na'u defnyddio i saethu.

Cw.
Chwiliwch am enghreifftiau o eironi mewn cerddi eraill. Ewch at dud. 103

YMARFER

1 Rhowch eich ymateb personol i'r canlynol:

Ydy'r delweddau hyn yn hen ffasiwn?
Pa un o'r delweddau yw'r fwyaf llwyddiannus yn eich barn chi? Pam?

Delwedd	Eich ymateb chi iddi
yn gôr o rythmau haf a llanw'r môr	Er enghraifft: Mae'r bardd yn disgrifio swyn a hud yr enw Far Rockaway trwy ddweud bod cusan hir ynddo. Mae disgrifio'r cusan fel un hir yn awgrymu bod angerdd a phleser yn y gusan, sef yr un ymateb ag sydd gan y bardd i'r enw.
lle mae'r trac yn teithio'r llwybr cul rhwng gwên nos Sadwrn a gwg y Sul	
lle mae'r beirdd . . .yn cynganeddu ar bedair wal, / yn yfed wisgi efo gwlith, /yn chwarae gwyddbwyll â'u llaw chwith.	
Mae cusan hir yn enw'r lle	

2 Beth sy bwysicaf yn y gerdd? Y darlun rhamantaidd neu'r disgrifiad o'r dref fel ag y mae?

Gobaith yn yr ifainc
Detholiad o'r awdl 'Gwawr' gan Meirion MacIntyre Huws
(Ieuenctid a Bywyd Cyfoes)

RHAID

➤ Deall agwedd y bardd at fywyd heddiw

➤ Trafod sut mae'n cyfleu afiaith ieuenctid

A Ysbryd y gerdd

PWYSIG

> Hanfod y detholiad yw optimistiaeth y bardd ynghylch dyfodol y Gymraeg wedi iddo dreulio noson yng nghwmni criw o Gymry ifainc.

- Hwyl un noson yw'r cefndir: gallu mwynhau gyda chriw ifanc sy'n ffrindiau, dweud a gwneud fel y mynnan nhw, a hynny yn Gymraeg. Mae Rhys Mwyn a grŵp yr Anrhefn yn ychwanegu at yr hwyl.

- Yn ôl rhai, pobl wyllt, hunanol yw'r ifainc, ond mae'r bardd yn credu bod ganddyn nhw hyder a gweledigaeth, ac felly bod gobaith a dyfodol i'r Gymraeg. Pobl ifainc biau'r presennol a nhw fydd yn wynebu her y bygythiad i'r Gymraeg yn y dyfodol. Mae tân yng nghalon y bardd o weld mai'r Gymraeg y mae pawb yn ei siarad.

B Technegau'r bardd

PWYSIG

> Wrth ystyried sut mae bardd yn trosglwyddo ei neges, rhaid i chi drafod ei ddefnydd o iaith.

1 Trosiadau pwerus

Er mwyn cyfleu pleser y criw ar noson y gig, mae Meirion MacIntyre Huws yn **pentyrru trosiadau** sy'n cynnwys y ddelwedd o dân a goleuni:

'ond fflamau yw ffrindiau ffraeth'	ll. 17
'yma'n goelcerth o chwerthin'	ll. 57
'mae to iau yn wlad o oleuadau'	ll. 59/60

Pwysleisia'r bardd mai yn ein pobl ifainc y mae gobaith i'r iaith a'u bod fel fflamau mewn coelcerth yn goleuo gwlad gyfan.

Cw.

Sut mae'r trosiadau hyn yn ychwanegu at ystyr y gerdd?

2 Gwrthgyferbyniad pwrpasol

Sylwch fod **gwrthgyferbyniad** mewn rhai **trosiadau**:

'a thrwy darth yr *oriau du*	ll. 61
ein heniaith sy'n *tywynnu*.'	

Cw.

Oes mwy nag un ystyr i 'yr oriau du'?

B

Hefyd mae'n defnyddio **gwrthgyferbyniad** rhwng dau **ansoddair**:

> 'un nos *oer* sy'n fis o ha', ll. 65
> a'i thorf yn *boeth* o eirfa.'

Er bod y tywydd yn oer, mae gwefr y noson a'r pleser o glywed pawb yn siarad Cymraeg yn creu gwres fel noson o haf.

3 Cyffelybiaethau trawiadol

Cawn ddefnydd o **gyffelybiaethau** yn y penillion sy'n disgrifio gig yr Anrhefn:

> 'rowlio'n breichiau *fel melinau Môn*' ll. 43/4
> 'yna dawns, *fel ebol dall*' ll. 45

Mae'r cyffelybiaethau'n ychwanegu hiwmor at y darlun ac yn cyfleu bwrlwm ac asbri'r bobl ifainc yn symud i'r miwsig. Mae'n cyfleu ysbryd y dorf:

> 'Idiomau *fel dyrnau'n dynn*.' ll. 39

Mae yma anogaeth i ni ddefnyddio'r iaith fel arf a gwneud ansoddeiriau ac idiomau'r Gymraeg yn gryfder yn ein bywydau fel y gwna Rhys Mwyn yn ei ganeuon.

4 Portreadau byw

Mae **portread byw** o Rhys Mwyn yn y pumed pennill a'r chweched. Cawn ddarlun effeithiol ohono fel perfformiwr yn y geiriau:

> 'yn taranu', 'hyder llanc' ll. 25, 26

Mae 'yn gyhyrog ei eiriau' yn creu darlun o'i ffordd gorfforol, hyderus o berfformio ar lwyfan ac o eiriau caled a grymus ei ganeuon. Ond mae'n fwy na pherfformiwr:

> 'cennad iaith . . . ll. 31
> a bardd sydd heb ei urddo.'

5 Defnyddio'r Guinness

Mae diota'n rhan o'r noson ond nid y ddiod sy'n gyfrifol am y chwerthin a'r hwyl:

> 'nid yr êl o'r poteli ll. 49
> yw nawdd ein doniolwch ni
> daw'n cyffur o fragdy'r fron:
> alcoholiaid hwyl calon!'

Pwysleisia fod yr hwyl a'r gwmnïaeth yn bwysicach na'r diota.

Cw.

Ydy'r rhain yn gyffelybiaethau byw? Pam?

Cw.

Chwiliwch am gyfeiriadau at fis a thymor er mwyn cyfleu ieuenctid.

YMARFER

Dyma'r math o gwestiynau fydd yn yr arholiad.
1 Sut mae'r bardd yn llwyddo i drosglwyddo ei neges i ni? Ystyriwch ei dechnegau a nodwch a ydyn nhw'n llwyddo. [8 marc]
2 Pa mor berthnasol ydy barddoniaeth fel hyn i'n hoes ni heddiw? [6 marc]

Trafod dwy gerdd
(Rhyfel a Thrais)
'Gail, Fu Farw' gan Nesta Wyn Jones ac 'Er Cof am Kelly' gan Menna Elfyn

RHAID

➤ Trafod y cynnwys

➤ Trafod y mesur a nodweddion arddull

A Cynnwys y ddwy gerdd

PWYSIG

Wrth drafod y cynnwys, defnyddiwch eich geiriau eich hunan.

Cofiwch
Defnyddiwch ddau baragraff gwahanol.

1 Y paragraff cyntaf

Mae'r ddwy gerdd yn ymwneud â dwy ferch ifanc a fu farw. Y ffilm *Gail is Dead* a sbardunodd gerdd Nesta Wyn Jones, a chawn wybod i Gail fod mewn cartref plant ac yn Borstal cyn iddi hi gael ei hanfon i'r carchar. Doedd hi ddim yn cofio bod yn hapus a throdd at hapusrwydd ffals heroin er mwyn ennill cysur. Cawn ddisgrifiad o'i hangladd wrth gloi ac mae llinell drist iawn yn uchafbwynt i'r gerdd, sy'n dweud nad oedd ystyr i fywyd Gail: '*Mor ddi-ystyr fu ei mynd, a'i dyfod.*'

Un i sôn am y gerdd gyntaf.

2 Yr ail baragraff

Mae Menna Elfyn yn disgrifio digwyddiad go iawn ym Melffast. Mae'n disgrifio'r fam yn gwylio ei merch yn gwneud cymwynas â chymydog drwy fynd â pheint o laeth iddo. Trwy gamgymeriad caiff ei saethu gan filwr ifanc. Yn ei banig mae'r milwr yn ceisio rhoi gofal iddi. Gweiddi arno i beidio â'i chyffwrdd mae'r cymydog, ond mae'r fam yn gofyn iddo roi '*cymorth cynta*' i Kelly. Wrth gloi mae disgrifiad o'r ferch fach mewn arch yn gwisgo'i ffrog pen-blwydd a'i mam yn rhoi losin a thedi brwnt ynddi.

Ac un arall i sôn am yr ail gerdd.

B Mesur un o'r cerddi – 'Er Cof am Kelly'

Cofiwch
Defnyddiwch y dyfyniadau a'r pwyntiau wrth i chi ateb cwestiwn ar arddull.

• Mae Menna Elfyn yn gosod ei siâp ei hun ar y gerdd. Mae'n defnyddio llinell hir wrth ddisgrifio'r ferch wedi ei saethu:

'*gwydr fel ei chnawd yn deilchion.*'

Ar y llaw arall mae nifer o linellau un gair:

'*Moesymgrymodd*'   '*Meidrolodd*'

Mae'r llinellau hyn yn cyfleu sioc y milwr wrth iddo weld ei fod wedi saethu merch fach ddiniwed. Ar y cyfan llinellau byrion sydd yn y gerdd hon.

• Sylwch mai dim ond gofyn i chi enwi'r mesur y bydd y cwestiwn yn yr arholiad. Felly, fe allwch ateb fel hyn:

Mae Menna Elfyn yn defnyddio mesur y wers rydd (neu vers libre) yn y gerdd 'Er cof am Kelly'.

C Trafod arddull cerdd – 'Er Cof am Kelly'

PWYSIG

> Rhaid nodi pwrpas nodweddion arddull.

- Fe allwch chi ddewis trafod yr **ansoddeiriau**.

Cw.

Nodwch ddwy nodwedd arddull yn y gerdd 'Er Cof am Kelly'.

Mae cyfeirio at *'peint o laeth gwyn'* yn y gerdd yn ymddangos yn rhyfedd gan fod pawb yn gwybod mai gwyn yw llefrith. Ond, rydyn ni'n cysylltu'r **ansoddair** *'gwyn'* â rhywbeth pur a diniwed hefyd. Dyna pam mae Menna Elfyn yn cysylltu *'gwyn'* â'r ferch fach.

Mae'r bardd hefyd yn defnyddio'r **ansoddair** *'budr'* yn y Gymraeg:

> *'y tedi budr a anwesodd'*

ac yn y Saesneg:

> *'Get your dirty hands off,'*

Mae ystyr yr un **ansoddair** yn y llinellau hyn mor wahanol: *'dirty'* yn dangos casineb y cymydog tuag at y milwr a'r tedi'n *'fudr'* yn awgrymu bod y ferch fach wedi bod yn magu'r tedi drwy'r amser gan ei bod yn ei garu gymaint. **Mae'r ansoddeiriau hyn yn ychwanegu tensiwn ac emosiwn.**

- Fel ail nodwedd, fe allwch chi edrych ar **gyffelybiaeth**.

Wedi i'r plentyn bach gael ei saethu, mae Menna Elfyn yn defnyddio'r gyffelybiaeth:

> *'gwydr fel ei chnawd yn deilchion'*

Mae'r botel lefrith wedi syrthio ar y ffordd a'i chwalu'n ddarnau mân. Mae'r bardd yn awgrymu bod corff bach Kelly wedi ei falu a'i chwalu gan y bwled fel y chwalodd y botel wrth syrthio. **Mae'r gyffelybiaeth yn dod ag erchylltra marwolaeth Kelly'n fyw i ni ac yn pwysleisio'r drasiedi.**

Ch Ymateb personol i 'Er Cof am Kelly'

PWYSIG

> Bydd yr arholwr yn disgwyl i chi ymateb yn bersonol i'r gerdd.

Cw.

Trafodwch ddechrau a diwedd y gerdd 'Er Cof am Kelly'.

Fe allwch chi ateb y cwestiwn gyferbyn fel hyn.

> Mae'r agoriad yn naturiol ac yn syml iawn. *'Geneth naw mlwydd oed'* yw Kelly ac mae allan yn gwneud cymwynas. Golygfa gyffredin a gawn yn y dechrau. Mor wahanol yw diwedd y gerdd. Mae wedi marw oherwydd cafodd ei saethu. Chaiff hi byth eto gyfle i fynd allan yn hwyr, ac felly dyma ei *'noson hwyraf allan'*.

YMARFER

Defnyddiwch y camau uchod fel patrwm wrth ateb y cwestiynau hyn:

1 Nodwch ddwy nodwedd arddull yn y gerdd 'Gail, fu Farw'.

2 Dechrau a diwedd pa un o'r ddwy gerdd a ddenodd eich sylw fwyaf? Rhowch resymau dros eich ateb. [5 marc]

RHAID

➤ Deall cynnwys pob englyn yn unigol

➤ Deall ystyr nad yw'n gwbl glir bob amser ond sydd yn ymhlyg yn y gerdd

HSU

A Ystyried y pedwar englyn cyntaf

PWYSIG

> Mae gwybod rhywfaint am gefndir cerdd yn gallu bod o gymorth.

Cw.
Pam cyfeirio at y dwylo a'r llygaid?

- Cerdd farwnad yw hon i Hedd Wyn ac i'r holl filwyr eraill o Gymru a gafodd eu lladd yn y Rhyfel Byd Cyntaf. Ym mis Gorffennaf 1917, ym mrwydr Cefn Pilkem, y cafodd Hedd Wyn ei daro gan fortar, a bu farw o'i glwyfau. Cafodd ei gladdu ym mynwent Artillery Wood ar y ffin rhwng Ffrainc a Gwlad Belg. Cafodd 31,000 o filwyr eu lladd yn y frwydr honno'n unig.

1 Hedd Wyn yn ei arch
Mae R. Williams Parry yn disgrifio Hedd Wyn yn gorwedd yn ei arch. Yr arferiad yw cau llygaid a chroesi breichiau'r corff mewn arch.

2 Marwolaeth
Yn yr englyn hwn, mae'r bardd yn pwysleisio bedair gwaith bod Hedd Wyn wedi marw. Mae bron yr un ystyr i *'rhawd'* a *'bywyd'*, ac yn hanes Hedd Wyn mae ei fywyd a *'teithio'r byd'* wedi dod i ben.

Cw.
Pam ailadrodd ei fod wedi marw?

PWYSIG

> Rhaid cofio nad oedd R. Williams Parry yn credu yn y nefoedd ac roedd marwolaeth felly'n derfyn ar bob dim i'r bardd.

3 a 4 Trawsfynydd
Mae dwy linell gyntaf y ddau englyn yn canolbwyntio ar fywyd Hedd Wyn yn ardal Trawsfynydd cyn iddo gael ei orfodi i fynd i ryfel. Wrth ei waith, byddai'n cerdded y mynyddoedd fel bugail, dros y tir caregog.

Mae dwy linell olaf yr englynion yn pwysleisio bod Hedd Wyn wedi cael ei ladd ac wedi ei gladdu ymhell o'i gartref.

B Cynnwys ac arddull yn cydweithio

1 Tristwch R. Williams Parry
Mae'r ffaith i Hedd Wyn gael ei gladdu mor bell o'i gartref yn Nhrawsfynydd wedi brifo R. Williams Parry. Sylwch ar yr **ansoddeiriau** a ddewisodd i fynegi ei deimladau: *'trwm'*, *'dwys'*, *'trist'* a *'du'*. Mae'r ansoddeiriau hyn yn cyfleu'r tristwch o golli bardd ifanc addawol, un â'i wreiddiau mor ddwfn yn ei fro ond a gafodd ei gladdu ymhell o'i gynefin ar dir estron.

B

Cofiwch
Wrth restru nodweddion arddull rhaid sôn am eu heffaith.

Sylwch
Mae mwy o wybodaeth am symbolau, geiriau teg ac eironi ar dud. 103-4.

Cofiwch
Rhaid chwilio am yr ystyr sydd yn ymhlyg mewn cerdd.

Mor wahanol yw'r llinell: *'Tyner yw'r lleuad heno'*. Mae'r ansoddair *'tyner'* yn hollol wahanol i'r ansoddeiriau eraill sydd yn y gerdd ac mewn **gwrthgyferbyniad** llwyr â'r *'ffos ddu'*. Gwelwn fod gwrthgyferbyniad amlwg hefyd rhwng ei fywyd fel bugail yn Nhrawsfynydd a'r ardal lle cafodd ei gladdu mewn gwlad estron.

Defnyddia'r bardd y lleuad **fel symbol** i bontio rhwng ffosydd Ffrainc a Thrawsfynydd gan ei bod uwchben y ddau le ar yr un pryd. Mae hyn eto'n pwysleisio tristwch R. Williams Parry o golli bardd oedd yn boblogaidd yn ei fro ac yn genedlaethol hefyd.

Nid yn unig ei ansoddeiriau sy'n cyfleu tristwch. Sylwn nad yw'r bardd yn defnyddio'r geiriau 'angau' na 'marw' ond yn hytrach *'gorffwyso'* a *'hunaist'*. Yn yr un modd, yn hytrach na'r gair 'arch' mae'n defnyddio *'dan ddwys ddôr'* ac nid 'bedd' ond *'a than dy ro'*. Mae defnyddio geiriau fel hyn yn hytrach na *'marw'* ac *'arch'* yn meddalu ergyd marwolaeth. **Gair teg** yw'r term am hyn.

2 Safbwynt R. Williams Parry

Mae'r ail englyn yn awgrymu bod y bardd yn ystyried marwolaeth fel diwedd ar bob dim. Does dim sôn am y nefoedd na dim arall ar ôl rhoi corff Hedd Wyn yn ei fedd dan y *'ro'*.

Hefyd mae dicter yma, dicter yn erbyn rhyfel dibwrpas. Nid *'teithio byd'* wnaeth Hedd Wyn ond cael ei orfodi i ymladd. Nid yw ei fywyd wedi'i *'fyw'* na'r *'awr'* wedi dod iddo farw. Deg ar hugain oed oedd Hedd Wyn. Mae'r bardd yn ddig oherwydd marwolaeth ddiangen miloedd ar filoedd o filwyr ac yn arbennig y bardd ifanc hwn.

Eironi yw arf y bardd wrth gyfleu bod Hedd Wyn a oedd mor agos at fro ei febyd wedi cael ei gladdu *'dan bridd tramor'*.

> *'Troedio wnest ei rhedyn hi*
> *Hunaist ymhell ohoni.'*

YMARFER

1 Mae R. Williams Parry fel petai'n siarad â Hedd Wyn yn ei fedd drwy ddefnyddio: *'dy rawd'*, *'tithau'* a *'trafaeliaist'*.
    Yn eich barn chi, pam mae'n gwneud hyn?
    Ydy e'n llwyddiannus?
    Allwch chi ddod o hyd i ragor o enghreifftiau?

2 Edrychwch ar ail ran y gadwyn o englynion ('Hedd Wyn 2'). Ydy'r bardd yn dweud rhywbeth newydd neu'n ailadrodd cynnwys y rhan gyntaf? Rhestrwch o leiaf dair enghraifft o'r hyn sy'n debyg a nodwch beth sy'n annhebyg. Oes cynulleidfa wahanol yn yr ail gadwyn? [6 marc]

3 Cyfres o englynion sydd wedi eu cysylltu â'i gilydd sydd yma. Ydy mesur yr englyn yn addas i'r math yma o gerdd? Wrth roi eich barn, cofiwch ddyfynnu i brofi eich pwynt.

RHAID

➤ Sylweddoli bod Gwenallt yn ei gweld hi'n bwysig edrych ar bethau mewn ffordd wrthrychol. Mae'n hawdd barnu ymddygiad eraill heb weld ein heuogrwydd ein hunain.

HU

A Cefndir y gerdd

- Yn ystod yr Ail Ryfel Byd, cafodd tua chwe miliwn o Iddewon eu lladd gan y Natsïaid, llawer ohonynt yn y siambrau nwy dieflig. Ysgrifennodd Gwenallt y gerdd hon wedi iddo ymweld ag Israel yn 1961.

B Edrych ar y sefyllfa o wahanol safbwyntiau

PWYSIG

Ym marn Gwenallt, rhaid cofio am ein heuogrwydd personol ni ein hunain wrth farnu euogrwydd gwledydd eraill.

Cw.
Pa mor effeithiol yw'r defnydd o'r coed fel symbolau?

1 Cydymdeimlo â'r Iddewon (Rhigymau 1 a 4)
Disgrifia Gwenallt yr olygfa wrth iddo ymweld â mynwent yn Israel. Nid cerrig beddau o farmor neu wenithfaen oedd yno ond mynwent o goed wedi eu plannu *'am bob corff a losgwyd yn y ffyrnau nwy'*. Doedd yno ddim cloch eglwys i'w chlywed na galwad y Mŵesin yn cyhoeddi oriau gweddi'r Arabiaid, dim ond y gwynt rhwng y canghennau yn canu marwnadau i goffáu'r meirw.

2 Barnu'r Iddewon (Rhigymau 5 a 6)
Mae Gwenallt yn cyhuddo'r Iddewon o losgi llawer o bentrefi'r Arabiaid er mwyn eu gyrru ar ffo a chymryd eu tiroedd. Yn y brwydrau hyn collodd llawer iawn o Arabiaid eu bywydau, digon i godi fforestydd o goed i gofio am eu meirw.

3 Beth am luoedd y Gorllewin yn yr Ail Ryfel Byd? (Rhigymau 7 ac 8)
Cyhudda'r bardd ni yn y Gorllewin o fod yn gyfrifol am ddau ddigwyddiad erchyll, sef bomio Dresden yn Nwyrain yr Almaen yn Chwefror 1945 pan laddwyd tua 135,000 o bobl, ac am ollwng y ddau fom niwclear ar drefi Hiroshima a Nagasaki yn Japan gan ladd miloedd a pheri i'r rhai a oroesodd ddioddef canlyniadau'r ymbelydredd niwclear. Yna, mae'n condemnio'r ugeinfed ganrif fel y ganrif *'fwyaf barbaraidd ohonynt hwy i gyd.'*

4 Rhyfeloedd y dyfodol (Rhigymau 10 ac 11)
Rhag-weld canlyniadau mwy erchyll byth yn y dyfodol y mae'r bardd. Cawn ddarlun du iawn o'r ddynoliaeth a phroffwyda y bydd y Trydydd Rhyfel Byd yn fwy dychrynllyd na'r rhai a fu.

5 Oes gobaith i ddynoliaeth? (Rhigwm 12)
Unig obaith dynoliaeth, yn ôl y bardd, yw dilyn traed Iesu: *'Yr Unig Un a fu'n byw'r Efengyl yn ei oes'*, sef byw efengyl cariad, heddwch a chymod. Mae'r tair croes yn llawn symbolaeth Gristnogol:

> *'Chwe miliwn o goed yng Nghaersalem, chwe miliwn, a thair croes,'*

B

6 'Rhaid i ni weld y trawst yn ein llygaid ein hun' (Rhigwm 14)

Cydymdeimla Gwenallt â'r Iddewon a gweld bai arnynt. Mae'n gweld bai ar y Natsïaid hefyd ac ar luoedd y Gorllewin. Dywed fod yn rhaid i ni rannu'r bai hwn yn hytrach na hawlio mai ni yw'r *'saint'*. Bydd cenedlaethau'r dyfodol yn edrych yn wrthrychol ar hanes yr ugeinfed ganrif ac yn gweld *'nad oeddem ni yn llawer o saint'*.

C   Testun y gerdd yn dylanwadu ar ei hiaith

1 Ffurfioldeb yr iaith

Sylwch ar y defnydd o **ferfau** yn y rhigwm cyntaf: *'fe'u plannwyd hwy'*, *'a losgwyd'*. Berfau amhersonol sy'n cael eu defnyddio mewn cyd-destun ffurfiol sydd yma a hynny er mwyn cyfleu uffern y lladd.

2 Ffurfiau negyddol

Condemnia'r bardd y ddynoliaeth yn ddi-flewyn-ar-dafod yn y gerdd, ac mae'r defnydd o'r **geiriau negyddol** *'nid,' 'na,' a 'ni'* yn amlwg ac yn effeithiol iawn:

> *'Nid yw'r dwylo . . . yn ddieuog, na'u cydwybod yn lân,'*
> *'Pam na ddylai'r Arabiaid . . .'*
> *'Ond ni allwn ni gondemnio . . .'*

3 Ansoddeiriau

Prin yw'r **ansoddeiriau**, ond dewisodd Gwenallt ei ansoddeiriau'n ofalus iawn wrth hawlio mai'r ugeinfed ganrif *'yw'r fwyaf barbaraidd'*.

Yn y gymhariaeth *'fel cofgolofnau byw'*, mae'r ansoddair yn llawn eironi gan fod coed yn cynrychioli'r Iddewon a fu farw. Mae **eironi** hefyd yn y trosiad *'marwnadau llosg'* sy'n cyfeirio at yr Iddewon a gafodd eu llosgi yn y ffyrnau nwy.

> Sylwer pa mor effeithiol y gall ambell ansoddair fod mewn arddull sydd fel arall yn foel ac yn ddiaddurn.

PWYSIG

4 Symbolau

Yn Rhigwm 12, mae Gwenallt yn cynnwys un o symbolau'r ffydd Gristnogol, sef y groes. Ac nid un groes ond y tair pan groeshoeliwyd Crist ar Golgotha. Cyfeiria'r bardd, yng nghyd-destun y gerdd hon, at y gred fod Crist wedi marw er mwyn maddau pechodau mwyaf erchyll y natur ddynol ym mhob gwlad.

> *'A thair croes*
> *Ac ar y ganol Yr Unig Un a fu'n byw'r Efengyl yn ei oes.'*

Cw.

Chwiliwch am fwy o enghreifftiau o'r negyddol

YMARFER

1 Defnyddiodd Gwenallt ffurf y rhigwm er mwyn myfyrio ar ei ymweliad â'r fynwent. Ydy'r rhigwm yn fesur addas i wneud hyn? Pam mae'r bardd yn torri ar batrwm y gerdd yn yr wythfed rhigwm trwy ddefnyddio un llinell yn unig?

2 Neges pa **un** o'r tair cerdd o dan y thema Rhyfel a Thrais a gafodd yr argraff fwyaf arnoch chi? Rhowch resymau pam. Cofiwch ddyfynnu o'r tair cerdd yn eich ateb.
[6 marc]

RHAID

➤ **Deall agwedd R. Williams Parry at natur a'r byd diwydiannol**

HU

A Cynnwys y gerdd

PWYSIG

> Mae'n werth cofio mai bro'r chwareli oedd bro mebyd y bardd a bod y chwareli wedi creithio'r fro honno.

Cefndir
Darlun delfrydol o lôn hir, wledig ar draws canol Eifionydd sydd yng ngherdd R. Williams Parry, sef y Lôn Goed. Mae 'Eifionydd' yn gerdd sy'n clodfori natur yn ei holl ogoniant mewn gwrthgyferbyniad ag ardaloedd sydd, yn ôl y bardd, wedi cael eu llygru gan ddiwydiant.

Pennill 1
Cawn wybod bod ardal y Lôn Goed yn y wlad, rhwng y môr a'r mynydd. Does dim llygredd yma a gwella'r tir yn hytrach na'i anharddu mae'r ffermwr wrth aredig.

Pennill 2
Mae'n gas gan y bardd y byd diwydiannol ac mae'n ffoi i'r hafan gyntefig hon, lle nad oes dim wedi newid ers canrifoedd.

Cw.
Ydy'r bardd yn ymwrthod â'r byd modern?

Pennill 3
Yma, mae disgrifiad manwl o'r Lôn Goed: coed bob ochr i'r ffordd yn creu plethwaith o ddail fel to iddi. Nid heol go iawn yw hi, ychydig sy'n cerdded arni ac felly mae porfa o dan draed. Nid yw'r ffordd yn arwain i unlle'n arbennig, a hynny a gogoniant byd natur sy'n ei gwneud mor bleserus i'r bardd.

Pennill 4
Wrth gloi'r gerdd, pwysleisia'r bardd y gall fwynhau prydferthwch a llonyddwch y Lôn Goed ar ei ben ei hun neu gall fod yr un mor hapus yn troedio'r lôn gyda chwmni diddan.

B Dod i adnabod y bardd

PWYSIG

> Yn y gerdd hon, fe allwch chi ddadlau bod y bardd yn Rhamantydd.

1 Mae R. Williams Parry yn Rhamantydd. Gogoniant byd natur a'i gadw fel ag yr oedd yn y cynfyd sy'n bwysig iddo, yn hytrach na dod â diwydiant a gwaith i'r ardal.

2 Pwysleisia nad ffordd go iawn ydy'r Lôn Goed, ond dydy hynny ddim yn gofidio'r bardd:

> *'I lan na thref nid arwain ddim*
> *Ond hynny nid yw ofid im.'*

Gogoniant y foment a gwychder y lôn ei hun sy'n annwyl ganddo. Prydferthwch cyntefig byd natur ar y ddaear sy'n bwysig, ac nid i ble mae'r lôn yn arwain.

3 Yr hyn mae'r bardd yn ceisio ei sicrhau yw nefoedd ar y ddaear mewn lle heddychlon fel hyn:

> '. . . cyrraedd canol
> Y tawel gwmwd hwn.'

Wrth ddisgrifio'r lle fel '*rhwng dwy afon yn Rhos Lan*', mae'n bosibl bod yma gyfeiriad at wlad yr addewid. Nid y nefoedd ar ôl marwolaeth, ond hyfrydwch Eifionydd rhwng afon Dwyfach ac afon Dwyfor.

C laith ac arddull

PWYSIG

Hanfod y gerdd yw'r gwrthgyferbyniad rhwng 'hagrwch cynnydd' a gogoniant natur.

Cw.
Ydy sŵn a sain y geiriau'n creu'r awyrgylch priodol?

- Sylwch sut mae'r gwrthgyferbyniad rhwng natur a diwydiant yn cael ei adlewyrchu gan yr ansoddeiriau. Gwelwn gasineb y bardd tuag at ddiwydiant yn ei ddewis o **ansoddeiriau**:

  > '*wyneb trist y Gwaith*', '*ymryson ynfyd chwerw'r newyddfyd blin*'

  Yn yr un pennill, mewn **gwrthgyferbyniad** llwyr, cawn yr ansoddair '*pêr*':

  > '*gwanwyn pêr o'r pridd*'

  Ac yn y trydydd pennill, cawn yr ansoddair, '*plethedig*', sy'n cyfleu'n effeithiol geinder y to uwch ei ben. Mae'r ansoddair yn yr ymadrodd '*llonydd gorffenedig*' yn pwysleisio pa mor berffaith yw'r heddwch, ac er mwyn atgyfnerthu harddwch y darlun ac i roi pwyslais ychwanegol gwelwn y bardd yn gosod ambell ansoddair o flaen yr enw, '*tawel gwmwd*' a '*glaslawr*'. Roedd hyn yn arfer cyffredin gan feirdd y cyfnod.

- Dyfais arall a ddefnyddir i ddarlunio'r harddwch yw delweddau megis:

cyffelybiaeth	'*blas y cynfyd* *Yn aros fel hen win.*'

  Mae'r **gyffelybiaeth** hon yn atgyfnerthu gwedd Ramantaidd y gerdd. Wrth ymweld â'r Lôn Goed, mae fel petai'n gallu dianc yn ôl i'r cynfyd. Ac fel mae hen win yn gwella wrth heneiddio felly hefyd y profiad o fynd yn ôl i Eifionydd a'r Lôn Goch.

- Er mwyn dod â'r profiad o ymweld â'r Lôn Goed yn fyw i ni, sylwn fod y bardd yn y ddau bennill olaf yn defnyddio'r **person cyntaf**:

person cyntaf	'*fy nhroed*', '*nid yw ofid im*', '*o'm dyffryn*'.

  Aiff â ni yno i ganol gogoniant byd natur a rhannu ei fwynhad.

YMARFER

1 Trowch at y cerddi 'Hedd Wyn' ac 'Y Llwynog' ac ystyriwch a gawn ni'r un themâu yn y cerddi hyn ag a gawn yn 'Eifionydd'. Trafodwch sut mae'r bardd yn cyfleu hyn. [6 marc]

Gallwch drefnu eich gwaith dan benawdau: y bardd Rhamantaidd; gwrthod y byd modern; arddull.

RHAID

➤ Cymharu cynnwys y ddwy gerdd

➤ Cymharu sut mae'r beirdd yn cyfleu eu neges

A Cymharu cynnwys y cerddi

PWYSIG

> Wrth gymharu cerddi rhaid i chi ddangos beth sy'n debyg ac yn wahanol ynddynt.

Sylwch ar y gwahaniaeth yn y tymhorau.

- Yn y ddwy gerdd cawn ddisgrifiadau o natur ar wahanol adegau o'r flwyddyn. Ym mis Gorffennaf y mae'r bardd R. Williams Parry yn dringo'r mynydd ac yn gweld y llwynog. Mae hi'n ddiwrnod heulog braf, ac mae'r mynydd yn gwahodd yn daerach na chloch yr eglwys. I'r gwrthwyneb, noson o hydref yw hi yn y gerdd 'Dysgub y Dail', ac mae'r gwynt wedi bod yn rhuo nes peri i'r dref grynu ac i'r dail ddisgyn.

Sylwch mai anifail y mae R. Williams Parry yn ei weld.

- Yng nghwmni dau ffrind mae R. Williams Parry yn gweld llwynog yn ymddangos yn ei holl ryfeddod o'u blaenau. Mae ei ymddangosiad mor sydyn nes i'r tri gael eu hoelio yn y fan a'r lle fel meini. Mae eu gweld nhw yn sioc i'r llwynog hefyd a chaiff yntau ei syfrdanu. Cawn ddisgrifiad godidog ohono'n sefyll, ag un droed yn yr awyr, yn rhythu arnyn nhw cyn diflannu dros grib y mynydd am byth.

Sylwch mai disgrifio person y mae Crwys.

- Gweld hen ŵr yn ysgubo dail yn gynnar yn y bore wedi noson stormus y mae Crwys. Canolbwyntia ar osgo ei gorff sy'n tanlinellu ei henaint blin wrth i'r dail ymlid eu gilydd yn y gwynt. Wedi casglu pentwr o ddail, rhaid i'r henwr gael hoe i adennill ei nerth. Wrth gloi mae'r bardd yn proffwydo y bydd yr henwr, ymhen blwyddyn arall, wedi marw, yn union fel y dail.

B Cymharu neges y ddau fardd

1 'Y Llwynog'

Gallwn ddadlau bod R. Williams Parry yn creu darlun o freuder profiad y funud. Rhywbeth dros dro yw profiadau dyn ar y ddaear, ac mae'n bwysig mwynhau pleser y foment. Yn yr un modd, mae'n bosibl ei fod yn awgrymu bod bywyd ei hun yn fregus ac mai bodau dros dro rydyn ni ar y ddaear hon.

2 'Dysgub y Dail'

Cyfleu'r syniad o freuder amser dyn ar y ddaear hon y mae Crwys hefyd. Yn y gerdd, mae'n hydref o ran y tymhorau, ac mae'r henwr yntau ar fin cyrraedd diwedd ei fywyd. Yn y pennill clo, dywed y bardd na fydd yr henwr yno'r flwyddyn wedyn:

> 'Hydref eto, a bydd yntau
> Gyda'r dail'

> Breuder y funud yw hanfod 'Y Llwynog' a breuder bywyd yw hanfod 'Dysgub y Dail'. Felly, o ran neges, mae pwyslais tebyg gan y ddau fardd.

PWYSIG

C Crefft y ddau fardd wrth iddynt gyflwyno eu neges

- Yn 'Y Llwynog', mae rhywbeth mor derfynol yn y **berfau** '*digwyddodd*' a '*darfu*' yn y llinell glo. Ni all dyn lai na meddwl ei fod yntau hefyd yn rhan o'r darlun. Mae'r **gymhariaeth** '*megis seren wib*' yn atgyfnerthu ystyr y berfau. Mae seren wib yn llawn ysblander, a'r profiad o'i gweld yn un rhyfeddol a phrin. Rhaid cofio hefyd na ddaw seren wib byth yn ôl.

PWYSIG

> Sylwch sut mae llinell glo 'Y Llwynog', 'Digwyddodd, darfu, megis seren wib', yn pwysleisio breuder.

- Yn 'Dysgub y Dail' symbol o freuder bywyd dyn ar y ddaear yw'r dail crin. Wedi disgyn, marw yw tynged y dail. Defnyddia Crwys hefyd **gymhariaeth** effeithiol i gyplysu henaint y gŵr â marwolaeth y dail:

> '*megis deilen grin yn ymlid*
> *Deilen grin.*'

Mae dewis y gair '*gorffwys*' hefyd yn arwyddocaol gan ei fod yn cael ei ddefnyddio fel **gair teg** am farw ac o bosibl yn rhagfynegi ei farwolaeth.

PWYSIG

> Sylwch sut mae'r dail crin yn symboleiddio breuder bywyd yn 'Dysgub y Dail'.

Cw.

Rhestrwch ansoddeiriau'r ddau fardd ac ystyriwch pa mor effeithiol ydynt.

- Amhosibl yw peidio â sylwi ar ddefnydd R. Williams Parry o **ansoddeiriau** yn 'Y Llwynog':

> '*Gorffennaf gwych*', '*anhreuliedig haul*', '*untroed oediog*', '*sefydlog fflam*', '*cringoch*'.

Ychwanegu at ysblander y foment prin mae'r ansoddeiriau, ac mae'r **ferf** '*llwybreiddiodd*' yn cyfleu ymddangosiad sydyn y llwynog o'u blaen.

- Defnyddia Crwys yntau **ansoddair** sy'n allweddol i'r darlun o freuder bywyd wrth ddisgrifio'r hen ŵr fel '*deilen grin*', a hefyd yr **adferfau**:

> '*Cerdd yn grwm a blin.*'

Mae tempo araf y gerdd trwyddi draw yn cyfleu llesgedd yr hen ŵr.

Cw.

Cymharwch dempo 'Y Llwynog' â thempo 'Dysgub y Dail'.

- Soned yw 'Y Llwynog'. Er mai patrwm odlau a nifer sillafau'r soned Shakespearaidd sydd yma, mae'r soned yn rhannu yn wahanol i'r arfer. Yn y **naw** llinell gyntaf, yn hytrach na'r wyth arferol, mae'r bardd yn disgrifio ei ymateb ef a'i ffrindiau ac yna, yn y **pum** llinell olaf, ymateb y llwynog. Hefyd, yn hytrach na chwpled clo, cawn linell glo sy'n uchafbwynt i'r gerdd.

- Telyneg yw 'Dysgub y Dail'. Yn y gerdd hon mae tri phennill gyda'r ail linell yn odli gyda'r bedwaredd llinell. Mae'r bardd yn creu uchafbwynt yn y ddwy linell glo.

YMARFER

1 Dechrau a diwedd pa un o'r cerddi a dynnodd eich sylw fwyaf? Rhowch resymau pam y dewisoch y llinellau hyn. [5 marc]

2 Gan ystyried yn ogystal y gerdd 'Eifionydd', neges pa gerdd sydd yn apelio fwyaf atoch? Rhowch resymau dros eich dewis. [6 marc]

Defnyddio hanes

'11.12.82' gan Iwan Llwyd

RHAID

➤ Gweld sut mae'r bardd yn clymu'r presennol wrth y gorffennol

A   Cefndir

- Rhaid deall pwysigrwydd Cilmeri, lle mae cofeb i Llywelyn ein Llyw Olaf. Ger y pentref hwn, ar lan afon Irfon, lladdwyd Llywelyn ar 11eg Rhagfyr 1282.
- Roedd Llywelyn ap Gruffudd yn dywysog Cymru, ac erbyn 1277 rheolai dri chwarter arwynebedd Cymru.
- Er mwyn rheoli Llywelyn a'i frawd Dafydd, anfonodd brenin Lloegr, Edward I, sawl byddin i Gymru.

B   Cynnwys

PWYSIG

> Defnyddiwch eich geiriau eich hun wrth drafod y cynnwys.

Mae Iwan Llwyd yn disgrifio diwrnod rali a gynhaliwyd ger Carreg Goffa Llywelyn ar lan afon Irfon yng Nghilmeri i gofio marwolaeth y tywysog. Diwrnod oer a gwlyb ym mis Rhagfyr 1982 oedd hi, ac mae'r bardd, yn hytrach na dathlu bywyd Llywelyn, yn myfyrio ar y saith canrif aeth heibio ers lladd Llywelyn. Mae'n hel atgofion am y gorchestion a fu ers lladd Llywelyn, yn ogystal â chyfri'r colledion. Cawn awgrym yn y trydydd pennill fod y genedl, trwy gydol ei hanes, wedi ymladd am ei heinioes.

Yn y pennill olaf mae newid yn naws y gerdd wrth i'r bardd ddisgrifio baban yn sgrechian, gan dorri ar y distawrwydd wrth y gofeb. Yn sgrech y baban hwn sylweddola'r bardd fod rhaid edrych tuag at y dyfodol ac at her canrif newydd.

C   Sut mae'r bardd yn trosglwyddo ei neges i ni?

Cw.

Beth yw gwir neges y gerdd?

1 Y tywydd yn drosiad

Sylwn yn y pum pennill agoriadol fod y bardd yn cyfeirio at:

> *'a'r dail yn diferu'*; *'a'r dydd yn gymylau gwelwon'*;
> *'traed bron fferru'*; *'a'r awel ar rewi llif Irfon'*.

Gallwn ddadlau bod y bardd yn defnyddio'r tywydd i gyfleu diffyg hyder y Cymry yn ystod y saith canrif a fu a'i ddiffyg hyder ef ei hun yn nyfodol ei wlad. Mae'n bosibl gweld y disgrifiad o lif afon Irfon *'ar rewi'* fel **trosiad** sy'n cyfleu ei bod hi bron yn rhy hwyr bellach i achub y wlad. Yn y pennill olaf, serch hynny, o ganlyniad i floedd y baban, mae'r gaeafddydd yn *'toddi'* a'r berfenw hwnnw'n awgrymu gobaith yn y dyfodol.

c

2 Defnyddio ailadrodd

Yn y pum pennill agoriadol mae'r bardd yn cyfeirio at y ffaith i saith canrif fynd heibio ers lladd Llywelyn:

> *'Saith canrif o sôn*
> *am orchestion hen oesau'*
> *'Saith canrif o sefyll*
> *ar erchwyn dibyn'*
> *'Saith canrif o gyfri'r*
> *colledion . . .'*

Wrth **ailadrodd** ni allwn lai na sylwi ar y berfenwau a'r delweddau negyddol: *'sôn am orchestion hen oesau', 'sefyll ar erchwyn y dibyn'* a *'chyfri'r colledion'*. Nid yw'r un o'r rhain yn awgrymu gwneud rhywbeth positif. Does dim awgrym o weithredu i sicrhau dyfodol. Edrych yn ôl a wna'r bardd yn y penillion hyn gan awgrymu mai blynyddoedd diffrwyth oeddent. Ond, sylwch ar y newid sydd ym mhatrwm y pennill olaf. Nid yw Iwan Llwyd yn cyfeirio at y saith canrif a fu, ond yn hytrach at her y ganrif newydd.

3 Grym y symbol

Ar ddiwedd y gerdd mae'r baban yn **symbol** o obaith ac o edrych tuag at y dyfodol. Mae'n chwalu'r distawrwydd a dryllio'r myfyrdod am y gorffennol gan ddwyn pawb i'r presennol byw ac yn eu herio i wynebu'r dyfodol. Wedi'r cwbl, rhywbeth hollol ddi-fudd yw tawelwch wrth geisio sicrhau parhad cenedl. Mae hyn mewn gwrthgyferbyniad â thawelwch y gorffennol.

4 Eironi

Mae **eironi** yn y llinell olaf:

> *'A her canrif newydd yn nychryn ei waedd.'*

Er iddo fynd i Gilmeri i gofio am ladd Llywelyn a dathlu ei fywyd, sylweddola mai'r dyfodol sy'n bwysig a bod rhaid wynebu her y ganrif newydd. Mae'n ddiddorol iddo ddewis y gair *'dychryn'*. Tybed oes awgrym yma, er bod y dyfodol yn ddychryn i'r bardd, eto i gyd bod yn rhaid wynebu her y dyfodol yn hytrach nag ymgolli yn hanes ein gorffennol.

Cw.

Sut mae'r bardd yn llwyddo i greu'r naws a'r awyrgylch priodol?

YMARFER

1 Ystyriwch pa mor berthnasol ydy thema'r gerdd hon i Gymry ifainc heddiw.

RHAID

> Deall bod y bardd yn defnyddio digwyddiadau hanesyddol i ddweud rhywbeth am y gymdeithas heddiw

HS

A Beth rydych chi'n ei wybod am y cyfnod?

- Roedd Llywelyn ein Llyw Olaf yn dywysog Cymru.

- Roedd ef a'i frawd Dafydd yn rhyfela yn erbyn Edward I, brenin Lloegr.

- Cafodd Llywelyn ei ladd ar 11eg Rhagfyr 1282 ar lan afon Irfon ger pentref Cilmeri. Roedd ei farwolaeth yn ergyd enfawr i'r undod a'r annibyniaeth oedd gan Gymru ar y pryd.

PWYSIG

> Mae gwybod rhywfaint am gefndir cerdd yn gallu bod o gymorth.

B Pam mae'r bardd yn defnyddio berfau yn y gorffennol a'r presennol?

Sylwch
Caiff amser y berfau ei ddefnyddio i glymu ddoe a heddiw.

1 Amser gorffennol
Mae'r bardd yn defnyddio'r **amser gorffennol** er mwyn cyfeirio'n ôl at ladd Llywelyn gan y gelyn ar lan afon Irfon ger pentref Cilmeri:

> *'Lladdwyd Llywelyn'*
> *'A welodd Llywelyn'*
> *'Camodd ar y cerrig hyn'*
> *'O'r golwg nesâi'r gelyn'*
> *'Lle bu ei wallt ar welltyn'*

Defnyddia'r **amser gorffennol** yn ogystal er mwyn dangos y dylanwad a gafodd lladd Llywelyn ar hanes Cymru. Mae'r bardd yn hawlio mai yng Nghilmeri y cafodd cenedl y Cymry ei geni. Mae'n llecyn hanesyddol hollbwysig felly:

> *'Fe wnaed y cyfan fan hyn'*
> *'Fan hyn . . . fu'n geni'*

2 Amser presennol
Defnyddia'r **amser presennol** er mwyn ail-greu ei ladd yn fyw i ni heddiw. Wrth wneud hyn mae'n peri i ni hefyd ystyried pwysigrwydd Llywelyn i ni heddiw:

> *'Fyth nid anghofiaf hyn'*
> *'Y nant a welaf . . .'*
> *'Fan hyn yw ein cof ni,*
> *Fan hyn sy'n anadl i ni'*

C Effaith ailadrodd 'Fan hyn'

Cw.

Yn eich barn chi, beth yw effaith yr ailadrodd yn:

'Y nant a welaf fan hyn/
A welodd Llywelyn.'

Mae'n **ailadrodd** 'Fan hyn' er mwyn:

- pwysleisio mai yn yr union le hwnnw ar lan afon Irfon y 'lladdwyd Llywelyn'. Dyna pam mae'n cyfeirio at y nant, a cherrig yr afon.
- dod â'r olygfa'n fyw i ni heddiw, yn arbennig wrth gyfeirio at:

> 'Lle bu ei wallt ar welltyn,
> A dafnau o waed fan hyn.'

- pwysleisio nad y lle ei hun sy'n bwysig ond ei werth fel symbol, y ffaith mai **yma** mae 'ein cof', 'sy'n anadl inni' a 'fu'n geni'.
- rhoi undod i'r gerdd drwy glymu'r llinellau a'r penillion wrth ei gilydd.

CH Pa dechnegau eraill y mae'r bardd yn eu defnyddio?

Cw.

Allwch chi ddod o hyd i ansoddair yn y gerdd?

- Yn y pennill olaf mae'r bardd yn **personoli**'r lle. Mae cof ac anadl yn hanfodol bwysig i ddyn, ac yn amlwg mae'r bardd yn credu eu bod nhw'n hollbwysig i genedl hefyd.
- Defnyddia'r **person cyntaf unigol**, sef 'fi', yn y pedwar pennill cyntaf er mwyn pwysleisio mor bwysig yw'r lle iddo: 'nid anghofiaf', 'a welaf', 'Rwyf fi'n awr'.
- Hefyd defnyddia'r **person cyntaf lluosog** sef 'ni' yn y pennill olaf er mwyn dangos bod y lle'n hollbwysig i bawb yng Nghymru.
- Sylwch fod y bardd yn **defnyddio'r un odl** yn y pedwar pennill cyntaf, gan odli geiriau gyda 'hyn' ac felly eu cysylltu â 'fan hyn': e.e. gyda Llywelyn yn y ddau bennill cyntaf er mwyn pwysleisio iddo gael ei ladd 'fan hyn'.
- Yn y pennill olaf mae'n **newid yr odl** wrth siarad ar ein rhan ni fel cyd-Gymry ac yn odli 'ni' gyda 'geni', er mwyn pwysleisio mai yn y fan hyn y cawson ni, sef cenedl y Cymry, ein geni.
- Defnyddia **gynghanedd** er mwyn creu'r naws a'r awyrgylch ac er mwyn cyfleu'r emosiwn cryf sydd yn y gerdd. Mae'n gymorth hefyd i greu tempo araf, addas, gan mai cerdd o fyfyrdod yw hi: 'Fin nos, fan hyn'. Sylwch ar gynildeb y bardd a sut mae ei emosiwn o dan reolaeth.
- Cerdd foel ddiaddurn yw 'Cilmeri'. Dydy'r bardd ddim yn defnyddio'r un ansoddair.

Cofiwch

Rhaid cyflwyno tystiolaeth a chynnwys dyfyniadau yn eich atebion.

YMARFER

1 Beth ydy neges y gerdd i chi?

Sut mae'r bardd yn cyfleu'r neges? Pa eiriau a thechnegau pwysig mae'r bardd yn eu defnyddio i roi'r neges?

Pam mae'r bardd yn newid yr odl yn y pennill olaf?

Sut mae'r bardd yn creu emosiwn yn y gerdd? [6 marc]

RHAID

➤ Darllen y gerdd yn uchel i fwynhau a gwerthfawrogi'r mesur a sŵn a sain yr iaith

➤ Ymdeimlo â bardd sy'n defnyddio'r Gymraeg mewn modd hyblyg

A   Defnydd T. H. Parry-Williams o'r iaith lafar

PWYSIG

Cofiwch ddysgu rhai dyfyniadau ar eich cof. Yna, defnyddiwch nhw yn bwrpasol wrth ateb cwestiynau yn yr arholiad.

1 Defnyddio'r iaith lafar i ddirmygu Cymru

Sylwch ar y geiriau y mae'r bardd yn eu dewis i ddisgrifio Cymru: *'libart'*, *'cilcyn o ddaear'*, *'cilfach'*. Defnyddia T. H. Parry-Williams y geiriau hyn i bwysleisio mai gwlad fechan ddi-nod yw hi. Wedi'r cwbwl darn bach o dir o gwmpas bwthyn yw *'libart'* ac amrywiadau ar hyn yw *'cilcyn o ddaear'* a *'cilfach'* er mwyn pwysleisio mor ddibwys yw hi. Mae'r trosiadau hyn yn awgrymu ei fod yn dirmygu Cymru.

2 Defnyddio'r iaith lafar i ddirmygu pobl Cymru

Cw.
Beth ydy effaith y math yma o iaith arnoch chi'n bersonol?

- Cawn yr awgrym fod T. H. Parry-Williams yn teimlo'r un dirmyg tuag at bobl Cymru, h.y. ei gyd-Gymry, yn ei ddefnydd o'r gair *'gwehilion'*. Dyma'r bobl o'r radd isaf posibl, sbwriel neu garthion cymdeithas. Ychwanega at y gwawd drwy ddefnyddio'r gair *'poblach'*. Ffurf fachigol 'pobl' yw *'poblach'* a phwrpas defnyddio'r ffurf yma yw diraddio.

- Sylwn hefyd nad siarad a thrafod mae'r Cymry ond yn *'clegar'*. Adar megis gwyddau sydd fel arfer yn 'clegar', a disgrifio eu sŵn mae'r berfenw hwnnw. Yn y cyd-destun hwn siarad gwag, diystyr fyddai'r esboniad gorau. Mae'n tanlinellu hyn wrth ddweud bod yn rhaid iddo wrando nid ar ei siarad, ond ar eu *'grŵn'*. Sŵn fel cathod yn canu grwndi yw *'grŵn'*, neu sŵn griddfan.

- Er mwyn dangos ei rwystredigaeth, cyfeiria at ei gyd-Gymry fel *'y Cymry, bondigrybwyll'*. Mae'r ansoddair *'bondigrybwyll'* yn crynhoi agwedd negyddol y bardd yn y pum rhigwm cyntaf.

B   Symlrwydd yr iaith

- Sylwch yn rhigymau 7 ac 8 fod y bardd yn defnyddio'r adferfau dangosol *'dyma'* a *'dacw'*. Rydyn ni fel petaen ni'n mynd yn ei gwmni yn ôl i fro ei febyd:

> *'Dyma'r llyn a'r afon a'r clogwyn; ac, ar fy ngwir,*
> *Dacw'r tŷ lle'm ganed.'*

Cw.
Sut mae'r bardd yn creu ymdeimlad o Gymreictod?

Yn ogystal ag ailadrodd *'dyma'*, mae'r bardd hefyd yn pentyrru'r hyn sydd i'w weld ym mro ei febyd cyn cyrraedd uchafbwynt drwy gyfeirio at y *'tŷ lle'm ganed'*.

- Dywed y bardd ei fod yn dychwelyd *'a'm dychymyg yn drên'*. Mae hwn yn drosiad syml ond effeithiol i gyfleu bod dychymyg y bardd yn pontio rhwng ei gartref yn Aberystwyth a bro ei febyd yn Rhyd-ddu. Megis trên, mae ei ddychymyg yn mynd ag ef ar dipyn o frys o'r naill le i'r llall.

C Defnydd y bardd o iaith fwy ffurfiol

Cw.

Oes gwahaniaeth yn yr arddull rhwng dechrau'r gerdd a'i diwedd?

Yn rhigwm 9, mae'r bardd yn newid cyfeiriad. Dyna pam mae'n defnyddio'r cysylltair *'Ond'*. Yn y tri rhigwm olaf sylweddola'r bardd pa mor bwysig yw Cymru iddo ac na all ddianc rhagddi. Nawr mae'r iaith yn fwy ffurfiol:

> *'meddaf i chwi', 'ysictod', 'dirdynnu fy mron'.*

Wrth gloi, defnyddia'r ebychiad *'Duw a'm gwaredo'* a mynd ymlaen i fynegi'n uniongyrchol na all ddianc rhag ei gyfrifoldeb o fod yn Gymro.

YMARFER

1 Ystyriwch fesur y rhigwm. A lwyddodd y bardd i drosglwyddo ei neges i ni drwy ddefnyddio'r mesur hwn? Cofiwch roi eich rhesymau a dyfynnu yn eich ateb.

2 Sut ydych chi'n ymateb i'r ffaith bod y bardd yn dirmygu Cymru yn y rhigymau agoriadol, ond ei fod *'yn simsanu'* erbyn diwedd y gerdd ac yn newid ei feddwl? Ydych chi'n cytuno ag agwedd T. H. Parry-Williams at Gymru?

3 Cymharwch y tair cerdd o fewn y thema 'Cymru a Chymreictod', gan drafod sut maen nhw'n wahanol ac yn debyg i'w gilydd. Cofiwch ddyfynnu o'r tair cerdd a chofiwch am y drefn GDY (gweler tud. 8).

Byddai 8 marc am gwestiwn arholiad tebyg i hyn.

Fe allwch chi ddefnyddio siart megis yr isod i'ch helpu i baratoi ateb. Copïwch y siart ac yna llanwch y colofnau'n ofalus.

	'11.12.82'	'Etifeddiaeth'	'Hon'
Bardd	Iwan Llwyd		
Thema'r gerdd		Pwysigrwydd gwlad, cenedl ac iaith a'n cyfrifoldeb am yr etifeddiaeth honno.	
Nodweddion y mesur			Rhigwm – cwpledi sy'n odli
Nodweddion yr arddull		Moel, diaddurn – dim ansoddeiriau Ailadrodd Personoli	
Dyfyniadau			
Pa un yw eich hoff gerdd? Pam?			

RHAID

➤ Ystyried gwahanol leisiau'r bardd wrth iddo gyfleu ei neges i ni

➤ Trafod crefft y bardd wrth iddo gyflwyno ei neges

HU

A   Gweledigaeth o Gymru

PWYSIG

> Mae Gerallt Lloyd Owen yn nodi'n glir yr hyn a roddwyd i ni'r Cymry: **gwlad**, **cenedl** ac **iaith**. Dyma ein hetifeddiaeth.

- Yn gyntaf, cawsom gan ein cyndadau **wlad**, sef Cymru. Yn ôl y bardd mae'r darn hwn o dir yn dystiolaeth i fodolaeth y Cymry.

- Yn ail, cawsom **genedl** sydd wedi ei throsglwyddo i ni o'r naill genhedlaeth i'r llall. Y cenedlaethau hyn sydd wedi creu hanes Cymru.

- Yn drydydd, cawsom **iaith** sydd wedi cael ei siarad ar hyd y cenedlaethau. Mae'r iaith hon wedi ei chysylltu'n annatod â mynyddoedd a thir Cymru.

PWYSIG

> Mae'r bardd yn ein cyhuddo o beidio â gofalu am ein hetifeddiaeth.

- Llais beirniadol sydd gan y bardd yn y pedwerydd pennill. Mae'n ein cyhuddo o esgeuluso ein rhodd.

Yn lle gofalu am dir Cymru, rydyn ni wedi ei lygru drwy adeiladu cronfeydd dŵr, plannu coedwigoedd a chodi ffatrïoedd a pheilonau. Yna, yn hytrach na gwarchod ein hetifeddiaeth, rydyn ni wedi caniatáu i'n gwlad gael ei boddi gan estroniaid nad ydynt yn gwybod dim am ein hanes. Gall hyn gyfeirio at Gymry sydd heb drosglwyddo eu hetifeddiaeth i'w plant yn ogystal â phobl a symudodd i Gymru. Mae'r bardd yn hawlio bod ein hiaith bellach mor wan y dylai fod yn destun cywilydd i ni am ei hesgeuluso.

PWYSIG

> Mae Gerallt Lloyd Owen yn cynnig her i ni.

- Mae'r bardd yn herio'r darllenydd i ystyried geiriau dihareb newydd fodern yn y cwpled clo. Cawn ein cyhuddo o aberthu ein gwlad a'n cenedl ar draul dod ymlaen yn y byd. Hefyd, dywed mai marw fydd tynged unrhyw genedl sy'n derbyn pob dim yn dawel a heb wrthwynebiad: *'a'i hedd yw ei hangau hi'.*

B Sut mae'r bardd yn trosglwyddo ei neges i ni?

PWYSIG

Edrychwch ar y berfau, y dychan a'r mesur er mwyn gweld sut mae Gerallt Lloyd Owen yn cyfleu ei neges.

1 Pa fath o ferfau y mae'r bardd yn eu defnyddio?

Sylwch ar symlrwydd adeiladwaith y gerdd. Defnyddia'r bardd y ferf *'Cawsom'* ar ddechrau'r tri phennill agoriadol er mwyn tanlinellu'r hyn a gawson ni'n rhodd, sef ein hetifeddiaeth. Yn y pennill sy'n dilyn defnyddia'r ferf *'Troesom'* i bwysleisio sut rydyn ni wedi esgeuluso ein hetifeddiaeth. Mae'r berfau hyn yn y person cyntaf lluosog er mwyn dangos ein bod ni oll, gan gynnwys y bardd ei hun, yn euog. Defnyddia'r rhagenw *'ein'* am yr un rheswm. Wrth gloi mae'n ein herio i feddwl trwy ddefnyddio berf yn y gorchmynnol, *'Ystyriwch'*, gan ein taro yn ein talcen.

Cw.

Pam mae'r berfau, 'cawsom', 'troesom', 'ystyriwch' yn bwysig?

Sylwch hefyd ar y dewis beiddgar o ferfenw, *'cenhedlu'*. Fel arfer cysylltwn genhedlu â geni plant ac felly â gobaith a dyfodol gwlad. Ond sylwch yn y gerdd mai *'cenhedlu estroniaid'* a wnaeth cenedl y Cymry. Sylwch ar yr **eironi** wrth gyfeirio at genhedlu estroniaid.

Cw.

Pam defnyddio'r berfenw 'cenhedlu' yn y pennill hwn?

2 Dychan

Cerdd yn gwawdio ei gyd-Gymry'n ddidostur yw'r gerdd hon ac nid oes dim mwy dychanol na'r llinellau:

> *'gwymon o ddynion heb ddal*
> *tro'r trai.'*

Disgrifia'r Cymry fel *'gwymon o ddynion'* am fod gwymon mor llipa ac yn plygu mor hawdd. Mae'r trosiad hwn yn awgrymu ein bod ni'n ddi-asgwrn-cefn ac yn rhy barod i blygu ac i blesio. Mae'n estyn y trosiad hwn wrth ychwanegu *'heb ddal tro'r trai.'* Gall fod yn awgrymu hefyd nad oes digon o nerth na dycnwch yn perthyn i ni ac na allwn hyd yn oed lwyddo i ddal y trai a dychwelyd i'r môr. Pethau di-werth felly.

3 Mesur

Cerdd mewn **cynghanedd** yn y wers rydd yw'r gerdd hon. Mae cynghanedd ym mhob llinell, ond nid yw diwedd y llinellau'n odli â'i gilydd. Gan nad oes patrwm i nifer yr odlau na'r sillafau mewn llinell, gall y bardd grynhoi cymaint mewn llinell fer, gryno, megis: '*Lle nad oedd llyn.*'

Cw.

Beth yw cynghanedd a'r wers rydd?

Mae effaith y gynghanedd yn awgrymu ei fod yn poeri ei ddirmyg arnom, ac fel pe bai'n ein herio i wrthsefyll. Ydyn ni'n fodlon gweld y cyfan – gwlad, cenedl a'r iaith – yn marw?

> *'Gwerth cynnydd yw gwarth cenedl*
> *a'i hedd yw ei hangau hi.'*

YMARFER

1 Trafodwch sut mae'r bardd yn rhoi ei neges i ni gan ystyried:

  (i)   Ydy'r gwrthgyferbyniad rhwng y rhan gyntaf a'r ail ran yn effeithiol yn eich barn chi?
  (ii) Pa mor llwyddiannus ydy'r dychan yn y gerdd?
  (iii) Ydy'r pennill olaf yn ychwanegu at effeithiolrwydd y gerdd? [6 marc]

2 Pa un ydy eich hoff linell yn y gerdd? Esboniwch pam. [3 marc]

Y canu caeth a'r gynghanedd

**'Gwawr' gan Meirion MacIntyre Huws, 'Hedd Wyn' gan R. Williams Parry,
'Wedi'r Ŵyl' gan Ceri Wyn Jones ac 'Etifeddiaeth' gan Gerallt Lloyd Owen**

RHAID

➤ Deall beth yw'r mesurau caeth a'r gynghanedd
➤ Ystyried pam mae beirdd heddiw'n defnyddio'r gynghanedd

PWYSIG

Sŵn geiriau, sain cytseiniaid a phleser odl yw cynghanedd. Rhaid apelio at y glust, ond dylai hefyd gyfoethogi ystyr a naws geiriau. Sylwch hefyd sut mae'r gynghanedd yn gallu cysylltu geiriau â'i gilydd mewn ffordd drawiadol.

A 'Gwawr' gan Meirion MacIntyre Huws

1 Mesur y cywydd a'r englyn

Y **cywydd** yw'r prif fesur yn y detholiad hwn, ond mae un **englyn** yma hefyd. Mae'r cywydd a'r englyn yn enghreifftiau o fesurau'r canu caeth. Mewn cywydd mae:

- cynghanedd ym mhob llinell
- saith sillaf ym mhob llinell
- odli fesul cwpled
- un llinell yn gorffen yn acennog a'r llall yn ddiacen.

'mae eto wawr, mae to iau   [gorffen yn acennog] ll. 59
yn wlad o oleuadau,'   [gorffen yn ddiacen] ll. 60

2 Pam defnyddio cynghanedd?

Gall y gynghanedd **Lusg** gysylltu geiriau annisgwyl â'i gilydd, fel yn y llinell:

*'Yma'n goel*certh *o chwerthin'* ll. 57

Mae'r odl *'erth'* yn *'goelcerth'* a *'chwerthin'* yn cysylltu'r geiriau ac yn help i gyfleu mwynhad y noson.

Mae cynghanedd, drwy gyfateb cytseiniaid ac odl, yn cysylltu geiriau â'i gilydd mewn ffordd ddiddorol. Edrychwch ar y llinell hon o gynghanedd **Sain**:

*'Idiom*au *fel _d_yrnau'n _d_ynn'* ll. 39

Drwy'r odl, mae'r gair *'idiomau'* yn cael ei gysylltu â *'dyrnau'*, gan bwysleisio cryfder yr iaith. Mae'r ansoddair yn *'dynn'* yn cryfhau'r gair *'dyrnau'*, a chan fod y gytsain *'d'* ar ddechrau'r ddau air maent yn cael eu clymu wrth ei gilydd gan atgyfnerthu'r ystyr.

Mae sŵn a sain y gynghanedd yn gyfrwng i greu naws ac, yn y detholiad hwn, i gyfleu bwrlwm bywyd a hyder y bobl ifainc hyn mewn llinellau megis:

'un sgrech dros ein gwlad fechan,   ll. 35
Un iaith, un gobaith yw'r gân.'   ll. 36

Yn ogystal â'r gynghanedd mae'r ailadrodd *'un . . .'* hefyd yn gymorth i gyfleu'r hyder hwn.

Cw.

Pam mae'r bardd yn defnyddio mesur yr englyn yn y detholiad hwn? Ydy'r cynnwys yn wahanol?

Yn y gynghanedd Lusg, sylwch ar yr odl.

Mae cyfateb cytseiniaid ac odl mewn cynghanedd Sain.

Cw.

Ydy'r defnydd o ailadrodd yn effeithiol?

HSU

B   'Hedd Wyn' gan R. Williams Parry

3 Cadwyn o englynion

Llwyddodd R. Williams Parry i barchu mesur yr englyn a hefyd i sicrhau bod ystyr yr englynion yn rhedeg yn gwbl naturiol. Mae'r trydydd a'r pedwerydd englyn yn enghreifftiau da o hyn. Efallai fod tinc mwy urddasol i'r ddau englyn cyntaf, ond mae'r bardd yn dal i gyfleu'r tristwch ac i swyno ein clustiau.

Cofiwch
Dylech ddysgu hanfodion mesur yr englyn.

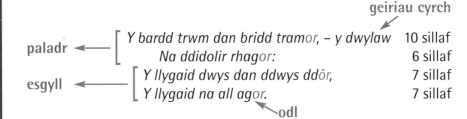

Sylwch wrth i R. Williams Parry gysylltu *'bardd trwm'* â *'bridd tramor'*, llwydda i gyfleu trasiedi marwolaeth Hedd Wyn yn ogystal â'r ffaith iddo gael ei gladdu mewn gwlad dramor.

C   Cerdd vers libre gynganeddol – 'Etifeddiaeth' gan Gerallt Lloyd Owen

4 Nodweddion y *vers libre* gynganeddol

Mewn gwrthgyferbyniad â'r englyn a'r cywydd, does **dim patrwm** yn nifer y sillafau mewn llinell nac yn yr odlau. Ond sylwch fod cyfateb cytseiniaid mewn llinell megis:

> *'Gwerth cynnydd yw gwarth cenedl.'*

Hefyd mae ymdeimlad o rythm yma.

YMARFER

Dyma gwestiwn arall o'r papur arholiad

1 Dewiswch eich hoff gerdd gaeth. Yna atebwch y cwestiynau canlynol:

(i)   Pa un ydy eich hoff linell yn y gerdd? [3 marc] Cofiwch nodi pam.

(ii) Sut mae'r bardd yn llwyddo i drosglwyddo ei neges i ni? [8 marc] Gallwch ystyried rhai o'r canlynol: mesur, cynghanedd, gwrthgyferbyniad, trosiad, cyffelybiaeth, sŵn geiriau, awyrgylch.

(iii) Pa mor berthnasol ydy barddoniaeth fel hyn i'n hoes ni heddiw? [6 marc] Ysgrifennwch baragraff hir neu ddau fyrrach yn cynnwys sylwadau ar bob un o'r cerddi yn yr adran hon. Cofiwch fod 'perthnasol' yn air pwysig yn y cwestiwn hwn.

y nofel

RHAID

➤ Astudio UN nofel

➤ Talu sylw i'r marciau wrth ochr y cwestiynau

PWYSIG

Yn ogystal â darllen yr unedau sy'n trafod y gyfrol yr ydych chi'n ei hastudio, mae'n **hollbwysig** edrych ar yr unedau eraill hefyd. Mae pob uned yn rhoi arweiniad defnyddiol ar sut i ddadansoddi cymeriadau, deialog, awyrgylch ac arddull, sef sgiliau sy'n berthnasol i allu trafod unrhyw nofel. Hefyd mae cymorth sut i ateb y cwestiynau sydd ar y papur arholiad.

A Y dewis

Dyma'r dewis ar gyfer yr **HS**:

Naill ai:	*Pwy Sy'n Euog?* *
Neu:	*Un Noson Dywyll*
Neu:	*Llinyn Trôns* *

Dyma'r dewis ar gyfer yr **HU**:

Naill ai:	*Cysgod y Cryman* *
Neu:	*Y Stafell Ddirgel* *
Neu:	*Wele'n Gwawrio* *

Dyma'r nofelau sy'n addas ar gyfer pob disgybl ar yr Haen Sylfaenol a'r Haen Uwch:

Naill ai:	*Ac Yna Clywodd Sŵn y Môr* *
Neu:	*Dan Leuad Llŷn*
Neu:	*I Ble'r Aeth Haul y Bore?* *

Mae * wrth ochr y nofelau sy'n cael eu trafod yn y gyfrol hon. Bydd eich ysgol wedi penderfynu pa nofel sy'n addas i chi.

B Yr arholiad

Mae 25 marc am bob cwestiwn cyfan ar y nofel. O fewn y cwestiwn bydd nifer o is-gwestiynau. Rhoddir y marciau uchaf am atebion sy'n dangos:

- gwybodaeth fanwl
- dyfyniadau pwrpasol
- mynegi eich barn yn glir gan gynnwys rhesymau.

Haen Sylfaenol

Dyma'r math o gwestiynau sydd yn yr arholiad:

Darllenwch y darn a gymerwyd o'r nofel. Yna, atebwch y cwestiynau sy'n dilyn yn llawn ac yn ofalus.

B

Cofiwch
Os oes tri marc
am gwestiwn,
ceisiwch
gynnwys tri
gosodiad yn eich
ateb.

(*a*) Disgrifiwch yr hyn a ddigwyddodd cyn yr olygfa hon i achosi'r fath ffrae rhwng y cymeriadau. [3]

(*b*) Rhowch hanes cymeriadau mewn golygfa arbennig. [3]

(*c*) Esboniwch gefndir cymeriad. [3]

(*ch*) (i) Edrychwch ar y ddeialog yn y darn darllen. Sut mae'r awdur wedi llwyddo i greu tyndra rhwng y cymeriadau? [2]

(ii) Edrychwch ar linell . . . Pam mae'r awdur wedi defnyddio brawddeg fer? [2]

(iii) Beth yw eich barn am y gymhariaeth '. . . yn dal i ymddwyn fel plismyn'? [2]

(*d*) Ysgrifennwch bortread o un cymeriad drwy lygaid cymeriad arall. *Defnyddiwch dystiolaeth o'r darn hwn a golygfeydd eraill yn y nofel. Dylech ysgrifennu o leiaf hanner tudalen.* [5]

(*dd*) Bydd y cwestiwn hwn yn ymwneud â golygfa arbennig, e.e. megis golygfa lle mae'r cymeriad wedi ei anfon i'r carchar yn *Pwy Sy'n Euog?*

Ysgrifennwch lythyr gan un cymeriad at gymeriad arall yn esbonio:

- Pa fath o fywyd sy yno?
- Teimladau'r cymeriad yno.

Dylech ysgrifennu o leiaf hanner tudalen. [5]

Haen Uwch

Dyma'r math o gwestiynau sydd yn yr arholiad:

Darllenwch y darn a gymerwyd o'r nofel. Yna, atebwch y cwestiynau sy'n dilyn yn llawn ac yn ofalus.

(*a*) Rhowch yr hanes sut y gwnaeth dau gymeriad gyfarfod a'u hamgylchiadau. [3]

(*b*) Eglurwch sut y cafodd bywyd un cymeriad ei ddylanwadu gan y llall. [6]

(*c*) Sut mae'r awdur yn llwyddo i greu naws arbennig yn yr olygfa hon? Cyfeiriwch at **dair** nodwedd arddull gan esbonio pam eu bod yn effeithiol yn eich barn chi. [6]

(*ch*) Ysgrifennwch bortread o un cymeriad drwy lygad cymeriad arall. *Defnyddiwch dystiolaeth o'r darn hwn a golygfeydd eraill yn y nofel. Dylech ysgrifennu o leiaf dri chwarter tudalen.* [5]

(*d*) Ysgrifennwch ymson cymeriad wrth i syniadau newydd ddechrau ffurfio yn ei feddwl. *Dylech ysgrifennu o leiaf dri chwarter tudalen.* [5]

Haen Sylfaenol a Haen Uwch – y cwestiynau creadigol

Cofiwch fod rhaid dod i adnabod cymeriadau'n dda iawn cyn gallu ateb y ddau gwestiwn mwy creadigol ar ddiwedd y cwestiwn ar y nofel. Bydd yr arholwr hefyd yn dweud wrthoch chi am ddefnyddio tystiolaeth o'r darn hwn a golygfeydd eraill yn y nofel. Felly bydd yn rhaid paratoi'n ofalus ymlaen llaw.

Gall yr arholiad ofyn i chi ddefnyddio ffurfiau megis portread, dyddiadur, ymson, llythyr, neu ddeialog rhwng cymeriadau. Ewch at yr Adran Iaith a gwnewch yn siŵr eich bod yn deall beth yw hanfodion y gwahanol ffurfiau hyn gan ystyried y math o iaith ac arddull sydd ei angen.

RHAID

> Darllen y nofel gyfan yn ofalus er mwyn deall y stori

HS

I ymarfer ar gyfer y math hwn o gwestiwn, darllenwch o ganol tud. 177, *'Roedd eu gwersyll yng nghysgod un o'r waliau . . .'* hyd at waelod tud. 179 *'roedd o wedi diflannu'.*

A Deall y cynnwys

PWYSIG

> Rhaid i chi ddarllen y nofel gyfan yn ofalus a gwybod rhediad y stori cyn gallu ateb y tri chwestiwn cyntaf ar y papur arholiad.

Cofiwch
Fe gewch chi 1 marc am bob pwynt hyd at 3 marc.

- Dyma'r math o gwestiynau fydd ar gynnwys y nofel. Bydd 3 marc am bob ateb.

  (a) Pam roedd y Navahos wedi gorfod gadael y Ceunant? [3]
  - Roedd yr Americaniaid am feddiannu Ceunant de Chelly.
  - Roedd eu cnydau wedi eu llosgi.
  - Roedd eu perllannau wedi eu dinistrio.
  - Roedd aelodau'r llwyth yn rhy wan i'w hamddiffyn eu hunain.

  (b) Beth yw cysylltiad Dicks â Haul y Bore? [3]
  - Lladdodd Dicks fab Haul y Bore sef Chiquito.
  - Treisiodd e Haul y Bore a gwahodd y milwyr eraill i wneud yr un peth.
  - Brathodd Haul y Bore ef yn ei wddw nes tynnu gwaed.

  (c) Nodwch dri o bethau creulon eraill a wnaeth Dicks i'r Indiaid yn ystod y nofel. [3]
  - Saethodd y rhai nad oeddent yn gallu cerdded yn ddigon cyflym.
  - Dosbarthodd flancedi wedi eu heintio â'r frech wen.
  - Dinistriodd berllannau a gwenwyno dŵr y Ceunant.
  - Gadawodd Chico i farw drwy ei hongian o goeden.

Cw.
Nodwch ddwy enghraifft arall o greulondeb Dicks tuag at yr Indiaid.

- Dyma ddau gwestiwn arall a all godi yn yr arholiad:

  Beth wnaeth Chico er mwyn dial?
  Pam gwnaeth Haul y Bore ei lladd ei hunan?

  Cofiwch feddwl am gwestiynau posibl eraill.

B Dull yr ysgrifennu

PWYSIG

> Er mwyn ateb cwestiwn (ch) yn yr arholiad, rhaid i chi ystyried y ffordd mae'r nofelydd yn ysgrifennu.

- Mae cwestiwn (ch) yn wahanol i'r tri uchod. Bydd 2 farc am bob ateb a bydd angen i chi drafod y darn a gymerwyd o'r nofel.

B

(ch) (i) Pam mae'r nofelydd yn defnyddio llawer o gwestiynau ar waelod tud. 177 a thop tud. 178? Ydyn nhw'n effeithiol? [2]
– Mae Dicks am ddod o hyd i Haul y Bore.
– Mae'r nofelydd am ddangos nad ydy'r Indiaid yn fodlon datgelu pwy ydy hi.
– Mae'n dangos bod yr Indiaid yn fodlon herio Dicks.

(ch) (ii) Edrychwch ar y frawddeg, *'Disgynnodd fel Doli glwt wrth draed Dicks.'* Ydy'r frawddeg yn effeithiol yn eich barn chi? [2]
– Mae'n disgrifio Haul y Bore'n cwympo'n farw yn effeithiol iawn.
– Mae'n ei disgrifio fel *'doli glwt'* am ei bod hi'n hollol ddifywyd.

(ch) (iii) Edrychwch ar y llinell olaf, *'Doedd dim golwg o Necwar; roedd o wedi diflannu.'* Pam mae'r frawddeg yn effeithiol yn eich barn chi? [2]
– Wrth i'r Indiaid a'r milwyr frwydro fe ddihangodd Necwar.
– Mae'r diweddglo hwn yn effeithiol am ei fod mor syml. Does dim disgrifiad ohono'n dianc am na welodd neb ef yn diflannu.

Cofiwch
Fe gewch chi 1 marc am bob pwynt hyd at 2 farc.

Cofiwch
Ceisiwch gynnwys y gair 'effeithiol' yn eich ateb.

C Y cwestiynau creadigol

PWYSIG

Rhaid dod i adnabod cymeriadau'n dda iawn cyn gallu ateb y cwestiynau creadigol.

Sylwch
Mae arweiniad ar y ffurfiau hyn yn y llyfr:
portread, tud. 44, 86–7
dyddiadur, tud. 70–1
ymson, tud. 74
llythyr, tud. 75, 78–9

- Fel arfer, cwestiynau (d) a (dd) yw'r cwestiynau creadigol.

  Bydd rhaid i chi ysgrifennu portread, ymson, dyddiadur neu lythyr. Bydd yr arholwr yn disgwyl ichi ysgrifennu o leiaf hanner tudalen ar gyfer pob cwestiwn a defnyddio tystiolaeth o'r darn dan sylw a golygfeydd eraill yn y nofel.

  Nawr, trowch at yr ymarfer isod.

YMARFER

1 Ysgrifennwch o leiaf hanner tudalen ar un o'r canlynol:

- Dychmygwch mai chi yw Kit Carson. Ysgrifennwch **bortread** o Dicks drwy ei lygaid ef.
- Dychmygwch mai chi yw Manuelito. Ysgrifennwch **bortread** o Haul y Bore drwy lygaid ei thad.
- Ysgrifennwch **ddyddiadur** Haul y Bore yn disgrifio gadael y Ceunant ac yna'r gwersyll wrth y gaer.
- Ysgrifennwch **ymson** Chico wedi i Dicks ladd ei fab Chiquito a threisio ei wraig.
- Ysgrifennwch adroddiad ar ffurf **llythyr** gan Kit Carson at Carleton a Dicks.

Adnabod cymeriadau ac ysgrifennu llythyr

Llinyn Trôns gan Bethan Gwanas

RHAID

➤ Darllen y nofel yn ofalus sawl gwaith er mwyn deall y stori a dod i adnabod y cymeriadau
➤ Gwybod sut i ysgrifennu llythyr

Darllenwch o dud. 36, 'Roeddan ni wedi cael gorchymyn . . .', hyd at ddechrau tud. 39, 'Roedd yr hen sinach seimllyd yn trio fflyrtio efo hi.'

A Sut i adnabod cymeriadau

PWYSIG

Rhaid deall beth sydd yn cael ei ddweud a'i wneud yn y darn uchod ac mewn rhannau eraill o'r nofel.

Cofiwch
Bydd angen gwybod pam mae Llion yn cael ei alw'n 'Llinyn Trôns'.

- Wrth ystyried yr enw 'Llinyn Trôns', meddyliwch am bwyntiau fel hyn:

  – Ei dad roddodd y llysenw iddo yn yr ysgol gynradd.
  – Yn ôl ei dad, roedd yn fachgen tenau, gwan, byr a diog.
  – Galwodd ei fab yn 'Llinyn Trôns' a hwnnw wedi sticio. Aeth Jones yn 'Trôns' am fod y ddau air yn odli. Aeth Llion Jones yn Llinyn Trôns felly.
  – Roedd yn hollol wahanol i'w frawd 'perffaith'.

Cw.
Chwiliwch am ddwy enghraifft arall o fwlio yn y nofel.

- Mae Llion yn cael ei fwlio:

  – Mae Gags a Nobi'n gwthio pen Llion i lawr y toiled.
  – Mae Gags a Nobi'n arllwys dŵr arno yn ei wely ganol nos.
  – Mae Gags yn ei binsio wedi i Llion ddewis Gwenan i arwain ar y mynydd.
  – Does neb o'r grŵp yn gwrando arno wrth i'r grŵp geisio datrys y problemau mae Donna wedi'u gosod iddyn nhw.
  – Maen nhw'n ei fychanu ar bob cyfle.

PWYSIG

Rhaid dod yn gyfarwydd â chymeriad Llion Jones.

Cw.
Chwiliwch am bethau eraill sy'n awgrymu pa fath o berson yw Llion.

- Ar ddechrau'r gweithgaredd ar y llyn (tud. 36–9) mae'n amlwg nad yw Llion yn mwynhau:

  – Mae'n 'eistedd mewn lwmp o blastig . . . efo llwyth o gachwrs.'
  – 'Roedd y siwt yn hongian arna i.'
  – Mae'n 'teimlo'n rêl ploncar . . . yn troi padl yn yr awyr, fel rhyw helicoptar.'

PWYSIG

Bydd angen i chi ddod i adnabod y cymeriadau eraill hefyd.

- Mae **Gags** yn mwynhau dangos ei hun yn ei *wet suit* ac yn edrych fel model:

  'Roedd o'n cerdded o gwmpas y lle efo'i gefn yn syth a'i frest allan, dan wenu.'

A

- Mae **Gwenan** yn casáu gweithgareddau awyr agored. Yn amlwg dydy hi ddim yn hoffi'r siwt roedd yn rhaid iddi ei gwisgo:

  "Mae'r thing 'ma'n yn horibyl . . . 'Swn i'n taeru bod 'na rywun 'di pi pi ynddo."

  Ym marn Llion mae *'hi'n edrych braidd yn pathetic'*. Serch hynny, mae Llion yn amlwg wedi cymryd ffansi ati ac mae'n ei helpu hi i gario'i chanŵ.

- Mae **Nobi** yn annifyr gyda phawb a phob un. Mae'n cyhuddo **Olwen** o lyfu tin, a **Donna** o'u trin fel plant bach stiwpid wrth eu dysgu sut i ddal padl:

  "Hollol blydi amlwg 'tydi?" meddai Nobi dan ei wynt.

Cw.

Chwiliwch yn y nofel am enghreifftiau sy'n dangos pa fath o gymeriadau yw Dei ac Olwen.

B **Deall y testun**

Trowch at dud. 36–39 yn y llyfr unwaith eto i ni gael gweld sut mae mynd ati i ateb cwestiwn **(ch)** yn y papur arholiad. Bydd angen i chi ystyried pam mae'r awdur yn defnyddio brawddegau penodol. Dyma rai enghreifftiau posibl:

(ch) (i) 'roedd Tecs Pecs wedi penderfynu ein hanrhydeddu efo'i bresenoldeb.' [2]
- Mae hyn yn awgrymu nad yw'r athro yn dod gyda nhw'n aml pan mae'r disgyblion yn mynd ar daith nac yn gwneud llawer o weithgareddau.
- Mae'r gair *'anrhydeddu'* yn awgrymu bod yr athro'n meddwl ei fod yn berson pwysig a bod cael ei gwmni yn *'anrhydedd'.*

(ch) (ii) "Ti'n edrych fatha runner bean." [2]
- Mae Dei'n dweud bod Llion yn edrych yn fain ac yn denau yn ei *wet suit.*
- Disgrifiad doniol yw hwn. Mae cymharu person â *'runner bean'* yn creu jôc a does dim byd cas yn y jôc.

(ch) (iii) 'mi 'nath hyd yn oed Nobi 'neud rhyw sŵn bach fel ci wedi gweld homar o asgwrn jiwsi.' [2]
- Mae *'hyd yn oed Nobi'* yn awgrymu nad yw Nobi fel arfer yn sylwi ar ferched. Hefyd bu mor negyddol hyd yn hyn yn y nofel.
- Mae Nobi'n gweld Donna mor ddeniadol fel nad yw'n gallu rheoli ei deimladau. Os yw ci'n gweld asgwrn mae'n mynd ar ei ôl. Mae gweld Donna mewn siwt dynn yn denu llygaid Nobi yn yr un modd.

Cofiwch

Fe gewch chi 1 marc am bob pwynt hyd at 2 farc.

YMARFER

1 Ysgrifennwch **lythyr** oddi wrth Llion at ffrind yn B10 yn disgrifio ei ddiwrnod llawn cyntaf ar y cwrs. Ceisiwch roi tipyn o hiwmor yn eich llythyr chi.

*Dyma'r math o gwestiwn sy'n codi yng nghwestiynau **(d)** ac **(dd)** ar y papur arholiad. Bydd pum marc am yr ateb. Cyn cychwyn ysgrifennu, gwnewch restr o'r prif bwyntiau i'w rhoi yn y llythyr. Beth am gynnwys rhai o'r rhain?*

digwyddiadau'r noson gyntaf

cyfeirio at Donna fel un o ferched
   y rhaglen deledu, *Gladiators*

cerdded i gopa'r mynydd

ar y llyn

RHAID

➤ Dod i adnabod Josie a'r cymeriadau eraill

➤ Darllen y nofel gyfan yn ofalus

HS

Darllenwch o dud. 27, *'Yn rhy fuan cyrhaeddodd y rhes o dai . . .'*, hyd at dud. 29, *'Doedd hi'n sicr ddim yn mynd i ildio i'r blacmel yna.'*

PWYSIG ➤ Er mwyn ysgrifennu portread da, rhaid adnabod cymeriad yn drylwyr. Yma, cofiwch edrych ar beth mae Josie yn ei ddweud a'i wneud a sut mae'r cymeriadau eraill yn ymateb iddi.

A *Edrych ar beth mae Josie wedi'i wneud a sut mae hi'n ymateb i Gladys a Frank*

Cofiwch

Yn aml bydd gofyn i chi ddisgrifio beth wnaeth cymeriad cyn ac ar ôl yr olygfa a ddewisir yn yr arholiad.

Bydd angen i chi ystyried pam roedd Anti Gladys ac Yncl Frank mor ddig wrth Josie. Beth wnaeth hi cyn yr olygfa hon i greu'r fath ddicter?

Byddai'n bosibl nodi:

- bod Josie a'i ffrind Emma wedi mynd o gwmpas y dref yn **gosod posteri yn hysbysebu protest**.
- ei bod **yn ferch benderfynol**. Hyd yn oed wedi i gar plismon fynd heibio ac i Emma roi'r gorau i osod y posteri, roedd Josie am roi *'ambell i un i fyny ar ei ffordd adre'.*
- i Josie **gael ei harestio** am osod poster ar siop rhieni Khalil, disgybl yn ei dosbarth, a oedd yn cydymdeimlo â'r achos.

B *Dull yr ysgrifennu*

Cw.

Nodwch enghraifft arall o ddiffyg ofn Josie wrth iddi wynebu'r sarjiant.

- Mae'n siarad â'r **Sarjiant** heb ddangos unrhyw ofn:

    "Codi tatws os na fydda i'n plannu bomiau." (tud. 12)

    a hefyd:

    "Gobeithio nad ydw i ddim yn ych cadw chi oddi wrth waith pwysig? Fel chwilio am derfysgwyr neu dreiswyr." (tud. 23)

- Mae'n fodlon herio ei chariad **Rod** sy'n meddwl ei bod *'braidd dros ben llestri'*. Ateb Josie yw:

    "Aeth Chernobyl dros ben llestri."

- Mae'n barod i herio **Yncl Frank ac Anti Gladys**:

    "bydd Mrs Hunter – gwraig y doctor – ymysg y gwehilion sy byth yn molchi."

    Mae'n ferch ddewr a gonest. Mae'n amddiffyn safbwynt ei thad ac yn anfodlon i un ochr gael ei beio ar gam am ei ladd:

    "Roedd Dad yn rhedeg clwb ieuenctid ar gyfer Protestaniaid <u>a</u> Chatholigion. Doedd rhai eithafwyr ar y naill ochr a'r llall ddim yn hoffi hynny . . ."

B

Ar yr un pryd mae'n gwawdio Yncl Frank ac Anti Gladys:

"O leia mi geisiodd Dad wneud rhwbath, yn lle eistedd a'i ben yn ei blu."

Eto i gyd mae'n **osgoi** dweud wrth ei modryb yn blwmp ac yn blaen na fu'n agos i Belfast am fod arni *'ofn trwy'i thin i fynd ar gyfyl y lle'.* Ar adegau, mae hi'n gallu cadw'n dawel.

A hefyd weithiau mae hiwmor ganddi:

'actor sy'n gwisgo dillad Josie sydd yma.' (tud. 41)

C Edrych ar beth mae eraill yn ei ddweud wrth Josie neu amdani

Dangos ei gallu i ddadlau
- Mae ei modryb a'i hewythr yn dweud wrth Josie mai'r IRA a laddodd ei thad. Dywed ei hyncl wrthi:

  "Paid â siarad rwts . . . Wrth gwrs mai'r IRA wnaeth."

Ond mae'n parhau i ddadlau.

"Wnaeth neb gymryd y cyfrifoldeb, felly wyddon ni ddim pwy wnaeth."

Gwneud dewis
- Mae ei modryb a'i hewythr yn gwrthod caniatâd iddi fynd ar y brotest:

  "Os gwnei di, dwi'n ofni y bydd rhaid inni ofyn i ti adael y tŷ."

Gwrthod rhagrith
- Mae ei modryb a'i hewythr yn cysylltu protestwyr â gwehilion cymdeithas:

  "Mae'r rhan fwya'n edrych fel petaen nhw heb gael bàth ers misoedd. Fel y merched 'na yng Nghomin Greenham."

Roedd ei modryb a'i hewythr yn eu hystyried eu hun *'yn Gristnogion da ',* ac yn bwysicach byth, yn bobl barchus yn y gymdeithas. Doedd Josie, mae'n amlwg, ddim yn cytuno â nhw ac yn yr olygfa sy'n dilyn mae'n dweud wrth ei mam:

"Mi faswn i'n falch 'taen ni ddim yn gorfod aros yma."

Cw.

Sut mae Josie yn dangos ei bod hi'n gymeriad sy'n driw i'w hegwyddorion?

YMARFER

1 Dychmygwch mai chi yw Rod, cariad Josie. Ysgrifennwch **bortread** o Josie drwy lygaid Rod. Dylech ysgrifennu o leiaf hanner tudalen. [5 marc]

Cyn dechrau ysgrifennu, gwnewch nodiadau dan y penawdau hyn:
- O ble mae Josie'n dod – ei mam, ei thad? Ble mae'n byw nawr?
- Sut gwnaethoch chi eich dau gyfarfod? Ydych chi wedi cyfarfod â'i theulu?
- Ydych chi'n hoffi ei phersonoliaeth?
- Ydy eich teulu chi'n ei hoffi hi?
- Pam ydych chi'n ffraeo?
- Ydych chi'n poeni amdani a beth mae'n ei wneud?

Dod i adnabod cymeriadau trwy astudio deialog
Ac Yna Clywodd Sŵn y Môr gan Alun Jones

RHAID

➤ Darllen y ddeialog yn uchel er mwyn clywed rhythmau'r geiriau. Bydd hyn o gymorth i chi ddychmygu'r olygfa a dod â'r cymeriadau'n fyw.

➤ Dod i adnabod y cymeriadau a'r gymdeithas y maen nhw'n byw ynddi

Darllenwch o dud. 38, *"O, helô, Meredydd"*, hyd at waelod tud. 41, *"Diolch, Harri Jôs".*

A Deall y cynnwys

PWYSIG

Rhaid darllen y nofel gyfan yn ofalus a gwybod rhediad y stori er mwyn gallu ateb y tri chwestiwn cyntaf yn yr arholiad.

Cofiwch
Bydd angen cyfeirio at bwyntiau penodol er mwyn ennill marciau.

• Dyma'r math o gwestiynau fydd ar gynnwys y nofel. Bydd 3 marc am bob ateb.

(a) Pam roedd bron pawb yn teimlo'n annifyr wrth gyfarfod â Meredydd? [3]
Cafodd Meredydd:

– ei gyhuddo o dreisio Bethan Hughes Gwastad Hir
– ei gadw yn y carchar cyn sefyll ei brawf
– ei ryddhau gan fod y llys wedi ei gael yn ddieuog.

Hefyd rhaid cofio bod rhai o berthnasau Bethan yn byw yn y pentref a bod hithau a'i theulu'n byw yn ymyl.

Cw.
Beth oedd ymateb Meredydd wrth iddo gael ei ddedfrydu'n ddieuog?

(b) Beth fu'r ymateb yn y llys wrth iddynt gael Meredydd yn ddieuog? [3]

– Roedd llawer o gynnwrf yn y llys a Bethan yn sgrechian.
– Roedd Huw, brawd Bethan, yn gweiddi, *"Y cachgwn. Y ffernols clwyddog."*
– Bu'n rhaid i'r plismyn fynd â Bethan a Huw o'r llys.

(c) Beth oedd cysylltiad Meredydd â Gladys a pham roedd cymaint o densiwn rhyngddynt yn y siop? [3]

– Roedd Gladys Davies yn byw drws nesa i Meredydd.
– Roedd hi'n wraig fusneslyd â thafod miniog ac yn barod iawn i roi ei barn ar bawb a phopeth.
– Roedd hi'n perthyn i deulu Bethan Gwastad Hir.

Cofiwch
Fe gewch chi 1 marc am bob pwynt hyd at 3 marc.

(ch) Disgrifiwch sut groeso gafodd Meredydd yn siop Harri Jôs pan alwodd yno? [3]

– Croeso oeraidd gafodd Meredydd yn y siop gan fod ei gymdoges yno ac roedd yn perthyn i fam Bethan.
– Roedd Harri Jôs hefyd yn perthyn i deulu Bethan. Felly doedd dim gwên ar ei wyneb ac anghynnes oedd ei groeso.
– Wedi i Meredydd *'gario hanner siop Harri Jôs i'w gar'* newidiodd agwedd y siopwr yn llwyr ac fe roddodd groeso adre gwresog i Meredydd.

B   Dull yr ysgrifennu

WYSIG

> Er mwyn ateb y cwestiwn nesaf yn yr arholiad, rhaid i chi ystyried y ffordd mae'r nofelydd yn ysgrifennu.

Cofiwch
Fe gewch chi 1 marc am bob pwynt hyd at 2 farc.

- Mae'r cwestiwn hwn yn wahanol i'r rhai uchod. Bydd 2 farc am bob ateb a bydd angen i chi drafod y darn a gymerwyd o'r nofel.

(d) (i) 'Fe fu bron i Gwilym ddweud wrtho y câi noson dda ond iddo chwarae'i gardiau'n iawn, ond sylweddolodd yn sydyn na fyddai hynny'n beth call iawn i'w ddweud.' Pam? [2]

- Roedd Meredydd newydd gael ei ryddhau o'r carchar ac yn debyg o fod yn sensitif i ymateb pobl.
- Roedd hi'n anodd i bobl y pentref wybod beth i'w ddweud wrtho.
- Roedd wedi ei gyhuddo o dreisio Bethan, merch o'r pentref.
- Roedd Gladys Drofa Ganol yn perthyn i Bethan.

Cw.
Chwiliwch am enghraifft arall o anesmwythyd pobl wrth iddynt gwrdd â Meredydd.

(d) (ii) 'Pawb arall a deimlai'n annifyr, nid ef ei hun.' Pa enghreifftiau sydd yn y darn o bobl yn teimlo'n anesmwyth gyda Meredydd? [2]

- *'Teimlai Mrs Hughes yn annifyr braidd ac ni wyddai'n iawn ble i edrych.'*
- *'Talodd Ann Hughes yn frysiog am y cig . . . Aeth y wraig allan yn ffrwcslyd.'*

(d) (iii) Wrth i Meredydd adael siop Harri Jôs dywed y siopwr wrtho, "Croeso adra, Meredydd. Rydw i'n bur falch er mi wyddost na ddylwn i ddim deud hynny falla a minna'n perthyn iddi hi." Pam mae'r awdur yn defnyddio'r brawddegau hyn? [2]

- Mae Harri Jôs wedi clywed *'storïau cochion am Bethan'*, sy'n nith iddo.
- Mae'n dangos bod Harri Jôs wedi newid ei farn am Meredydd.
- Mae'r awdur am ddangos mor anwadal y mae pobl. Mae Harri Jôs yn newid ei feddwl am fod Meredydd yn prynu cymaint yn ei siop.

YMARFER

1 Ysgrifennwch **ymson** Harri Jôs wrth i Meredydd gyrraedd y siop pan oedd Gladys yno. Parhewch â'r ymson wrth i Meredydd wneud ei siopa.

2 Dychmygwch mai chi yw Meredydd. Ysgrifennwch **lythyr** at ffrind yn disgrifio ymateb pobl o'r pentref i Meredydd wedi iddo gael ei ryddhau.

Dyma'r math o gwestiynau creadigol all godi yn yr arholiad. Cofiwch ysgrifennu o leiaf hanner tudalen a defnyddio tystiolaeth o'r darn dan sylw a golygfeydd eraill yn y nofel.

RHAID

➤ Darllen y nofel gyfan yn ofalus

➤ Talu sylw i'r marciau a nodir wrth ochr pob cwestiwn

HU

A   Deall y cynnwys

PWYSIG

> Rhaid i chi ddarllen y nofel gyfan yn ofalus a gwybod rhediad y stori cyn gallu ateb y tri chwestiwn cyntaf ar y papur arholiad.

- Dyma'r math o gwestiynau fydd ar gynnwys y nofel.

(a) Sut gymeriad ydy Pill? [2]

- Mae'n gymeriad sensitif a diniwed.
- Mae Pill yn byw ar ei ben ei hun mewn tŷ a chanddo ardd flêr. Mae'n hoff o natur.
- Does dim cyfleusterau modern yn y tŷ, sy'n awgrymu nad yw pethau materol yn bwysig iddo.

(b) Cyn cysgu yn nhŷ Pill bu Ennyd gartre'n cael cinio Nadolig gyda'i rhieni. Sut fath o berthynas sydd rhyngddyn nhw? [3]

- Dydy Ennyd ddim yn cael fawr o groeso gan ei thad am ei bod yn hwyr yn cyrraedd.
- Mae Ennyd yn diflasu ar y cinio Nadolig traddodiadol a'r arferion fel tynnu'r cracyrs ac eistedd wedyn o flaen y tân. Yn wir, o ran Ennyd diflastod llwyr fu'r ymweliad.
- Dydyn nhw ddim yn deall ei gilydd ac mae Ennyd yn eu galw yn Sanhedrin.

(c) Sut fath o berthynas sydd gan Ennyd gyda gweddill y criw yn y nofel? Cyfeiriwch at ddigwyddiadau penodol eraill sy'n darlunio hyn. [4]

- Maen nhw'n griw agos iawn ac yn rhannu llawer o brofiadau megis mynd i amryw o brotestiadau gyda'i gilydd fel yr un yn erbyn yr Ysgrifennydd Gwladol.
- Mae hi'n mynd ar sawl taith i Iwerddon gyda Her, sy'n rhannu mwy o brofiadau ag Ennyd na gweddill y criw. Teimla Her i'r byw ar ôl iddi farw.
- Gwelwn agosatrwydd y criw wrth iddynt ymweld â phobl fel Rasmus a chaffi Carlos.
- Roedd Ennyd yn gofidio dros Pill pan gafodd ei arestio.
- Mae ymateb y criw i'w marwolaeth yn dangos natur eu perthynas – maen nhw'n treulio'r nos gyda hi ac yn mynd â'i harch i ben yr Wyddfa.

- Dyma ddau gwestiwn arall a all godi yn yr arholiad:

  Sut fath o gymeriad ydy Her?
  Ydy'r ymweliadau ag Iwerddon yn ychwanegu at y nofel? Ym mha ffordd?

  Cofiwch feddwl am gwestiynau posibl eraill

Cofiwch

Yng nghwestiwn (a), fe gewch chi 1 marc am bob pwynt hyd at 2 farc. Os rhoddir 3 marc, fe gewch chi 1 marc am bob pwynt hyd at 3 marc, ac yn y blaen.

Cw.

Chwiliwch am ddyfyniadau sy'n dangos natur y berthynas rhwng Ennyd a'i rhieni.

Cw.

Nodwch achlysur arall lle mae perthynas Ennyd ag un o aelodau'r criw yn dod i'r amlwg.

B Y cwestiynau creadigol

PWYSIG

Sylwch
Mae arweiniad
ar y ffurfiau hyn
yn y llyfr:
portread, tud.
44, 86–7
dyddiadur, tud.
70–1
ymson, tud. 74
llythyr, tud. 75,
78–9

Rhaid dod i adnabod cymeriadau'n dda iawn cyn gallu ateb y cwestiynau creadigol.

Fel arfer, cwestiynau **(d)** a **(dd)** yw'r cwestiynau creadigol. Bydd rhaid i chi ysgrifennu portread, ymson, dyddiadur neu lythyr. Bydd yr arholwr yn disgwyl i chi ysgrifennu o leiaf dri chwarter tudalen ar gyfer pob cwestiwn a defnyddio tystiolaeth o'r darn dan sylw a golygfeydd eraill yn y nofel.

Cofiwch y bydd yn rhaid:

- Casglu gwybodaeth fanwl am y cymeriadau cyn dechrau ysgrifennu.
- Ysgrifennu yn eich geiriau eich hun gan osgoi defnyddio geiriau'r nofelydd.
- Astudio'n ofalus sut berthynas sydd rhwng un cymeriad ac un arall a sut y gall y berthynas honno newid.
- Parchu iaith lafar y cymeriadau yn eich deialog.
- Newid yr arddull yn ôl gofynion y ffurf.

C Casglu gwybodaeth cyn ateb cwestiwn

Dychmygwch mai chi yw Ennyd. Ysgrifennwch bortread byr o Pill drwy ei llygaid hi.

- Mae Ennyd a Pill yn ffrindiau, yn ddigon o ffrindiau i Her a hi allu rhannu gwely gydag ef.
- Mae Pill yn byw mewn hen dŷ. Cwympodd carreg i lawr y simnai pan oedd Ennyd yno.
- Does dim moethusrwydd yn y tŷ – cafodd soffa oddi ar Doman Byd.
- Rhyw *'nefoedd o anialwch'* yw ei ardd, yn llawn chwyn. Mae'n byw ar y perlysiau a'r letys o'r ardd.
- Rhamantydd yw Pill – yn dal i roi hosan i'w hongian Noswyl Nadolig.

YMARFER

1 Ysgrifennwch *o leiaf dri chwarter tudalen* ar unrhyw un o'r canlynol.

- Dychmygwch mai chi yw Her. Ysgrifennwch **bortread** byr o Ennyd drwy ei llygaid hi.
- Lluniwch **ddyddiadur** Ennyd ar ei hymweliadau ag Iwerddon.
- Lluniwch **ymson** mam Ennyd wedi i Ennyd ymweld â nhw i gael cinio Nadolig.
- Ysgrifennwch **adroddiad ar ffurf llythyr** gan Ennyd ar y brotest yn erbyn yr Ysgrifennydd Gwladol.

RHAID

➤ Darllen y ddeialog yn uchel er mwyn clywed y geiriau
➤ Sylwi ar grefft y ddeialog ac ar y dafodiaith
➤ Talu sylw i'r marciau a nodir wrth ochr pob cwestiwn

HU

I ymarfer ar gyfer y math o gwestiwn a all godi mewn arholiad, darllenwch o dud. 38, *"O, helô, Meredydd"*, hyd at waelod tud. 41, *"Diolch, Harri Jôs"*.

A Iaith cymeriadau

PWYSIG

Cw.
Chwiliwch am enghreifftiau eraill o iaith naturiol y cymeriadau.

Y ddeialog naturiol yw un o rinweddau amlycaf y nofel hon. Iaith Pen Llŷn yw iaith y cymeriadau.

• Enghraifft dda o hyn yw iaith Gladys Drofa Ganol (tud. 39). Sylwch yn arbennig ar y geiriau sydd wedi'u duo:

"Mae gen i ofn cofiwch. Oes wir. Peth mawr ydi bod ar eich pen eich hun cofiwch. Pan fydd 'na dwrw allan yn y nos mi fydd 'y nghalon i'n rhoi tro. A dwn i ddim be'r ydw i'n mynd i'w wneud rŵan."

"Ond mae'r Bod Mawr yn mynd â phobl dda ac yn gadael giaridyms grwydro'r lle 'ma fel mynnon nhw."

B Deall y cynnwys – y ddeialog yn datguddio cymeriad

PWYSIG

Rhaid darllen y nofel gyfan yn ofalus a gwybod rhediad y stori cyn gallu ateb y tri chwestiwn cyntaf yn yr arholiad.

• Dyma'r math o gwestiwn sy'n codi yng nghwestiwn (c).

Disgrifiwch yn fanwl ymateb gwahanol bobl i'r ffaith i Meredydd gael ei ryddhau yn y rhannau o'r nofel cyn ac ar ôl y darn darllen. **[5]**

Cofiwch
Fe gewch chi 1 marc am bob pwynt hyd at 5 marc.

– Mae **Now Tan Ceris** yn amddiffyn Meredydd yn nhafarn Yr Wylan Wen:
"Hen hogyn iawn y cefais i o bob amser. Un o'r goreuon . . ."
"Wnaeth o ddim byd i'r hogan 'na siŵr iawn. Hen beth wirion ydi honno."
– Cafodd **Gladys Drofa Ganol** sioc aruthrol o glywed y newyddion ar y teledu. Gwelwn ni hynny wrth iddi lafoerio ac eistedd yn ôl yn ei chadair yn ddiymadferth.
– Mae ei fodryb **Margaret** yn ei gynorthwyo yn y tŷ drwy baratoi cinio a thacluso.
– Mae **Robin Hughes**, tad Bethan, hyd yn oed yn ei amddiffyn:
"Mi wyddoch o'r gora nad oedd ond 'chydig o fai , os oedd 'na o gwbl, ar yr hogyn 'na."

Cofiwch
Rhaid cyfeirio at bwyntiau penodol er mwyn ennill marciau.

– Pan alwodd Meredydd yn Yr Wylan Wen roedd yn amlwg bod y ffyddloniaid yn adnabod Bethan yn iawn ac yn cydymdeimlo â Meredydd:
'Yr oedd y rhain yn adnabod Bethan; yr oedd y rhain yn deall.'
– Mae **Robin**, er yn ceisio cadw'r ddysgl yn wastad, yn ffafrio Meredydd:
'yr oedd Meredydd yn well cwsmer yn y pen draw na'r lembo arall hwnnw, er ei fod yn gwario llai.' (Huw Gwastad Hir yw'r lembo wrth gwrs.)
– Mae **Huw Gwastad Hir** yn ymosod arno ar ei ffordd adref o'r dafarn.

C Dull yr ysgrifennu

PWYSIG

> Bydd rhaid i chi ystyried y ffordd mae'r nofelydd yn ysgrifennu.
> Bydd 2 farc am bob ateb wrth i chi drafod y darn gosod.

Cofiwch
Fe gewch chi un marc am nodi'r nodwedd arddull a'i dyfynnu.
Fe gewch chi farc arall am esbonio ei heffeithiolrwydd gan roi rhesymau penodol.

Cw.
Pam mae'r sgwrs rhwng Meredydd a Harri Jôs yn bytiog ar y dechrau? Ydy'r sgwrs yn newid erbyn y diwedd? Pam?

(b) Sut mae'r awdur yn dod â'r olygfa yn y darn darllen yn fyw i ni? Cyfeiriwch yn benodol at DAIR nodwedd arddull gan esbonio pam maen nhw'n effeithiol yn eich barn chi. [6]

- Daw'r awdur â'r cymeriadau'n fyw i ni drwy ddefnyddio **iaith lafar Pen Llŷn**:
  "Pan fydd 'na dwrw allan yn y nos mi fydd 'y nghalon i'n rhoi tro. A dwn i ddim be'r ydw i'n mynd i'w wneud rŵan . . .
  Wrth ddefnyddio'r iaith lafar, mae Gladys yn llwyddo i gyfleu'n ddramatig ei chred ei bod hi mewn perygl wrth fyw drws nesa i Meredydd. Mae hi'n felodramatig wrth sôn am "*giaridyms yn crwydro'r lle 'ma*".

- Mae'r awdur yn defnyddio **brawddegau byrion**:
  'Agorodd ddrws y siop.
  Haleliwia, Gladys Drofa Ganol.
  Safai'i gymdoges wrth y cownter â'i chefn ato. Siaradai dros y lle.
  "Mae gen i ofn cofiwch. Oes wir . . ."'
  Gwna hyn er mwyn adeiladu tensiwn.

- Mae hefyd yn defnyddio **ailadrodd** yn effeithiol:
  'Yn siop Harri Jôs y bu ei deulu erioed yn siopa. Yn siop Harri Jôs yr arferai ef siopa ar ôl colli'i rieni ac yn siop Harri Jôs yr oedd am ddal i gael ei neges.'
  Mae'n ailadrodd er mwyn pwysleisio'r ffaith bod y siop mor bwysig iddo a'i fod am ailafael yn ei hen ffordd o fyw.

Ch Y cwestiynau creadigol

PWYSIG

> Rhaid dod i adnabod cymeriadau'n dda iawn cyn gallu ateb y cwestiynau creadigol yn yr arholiad.

Fel arfer, cwestiynau (d) a (dd) yw'r cwestiynau creadigol. Bydd rhaid i chi ysgrifennu portread, ymson, dyddiadur neu lythyr. Bydd yr arholwr yn disgwyl ichi ysgrifennu o leiaf dri chwarter tudalen ar gyfer pob cwestiwn a defnyddio tystiolaeth o'r darn dan sylw a golygfeydd eraill yn y nofel. (Mae mwy o gymorth ar dud. 49.)

Nawr, trowch at yr ymarfer isod.

YMARFER

1 Dychmygwch mai chi yw Meredydd. Ysgrifennwch bortread o Gladys drwy ei lygaid ef.

RHAID

➤ Datblygu'r gallu i sylwi ac ymateb i arddull y nofelydd

HU

PWYSIG

Yn yr arholiad bydd yn rhaid i chi nodi nodweddion arddull ac esbonio pam maen nhw'n effeithiol.

1 Ansoddeiriau ac adferfau (tud. 28)

Yn y ddau baragraff cyntaf, sylwch sut mae Islwyn Ffowc Elis yn defnyddio **ansoddeiriau** i ddisgrifio natur:

> 'glaw *trwm*', '*llen* lwyd', 'y borfa *grin*', 'awyr yn *fwll*', 'mellten *biws*', 'lympiau *swnllyd, araf*', 'cenlli *gwastad*', 'i'r ddaear *fyglyd*'.

Hefyd sylwch ar yr **adferfau**:

> 'symud *yn araf, ddi-stop*', 'neidio'n *ynfyd*'.

Ydych chi'n credu bod defnyddio cymaint o ansoddeiriau wrth ddisgrifio natur yn effeithiol? Neu a ddylai'r nofelydd fod wedi dewis a dethol ei ansoddeiriau'n fwy gofalus?

2 Cymariaethau neu gyffelybiaethau (tud. 28)

Dyma enghraifft:

> 'y glaw trwm yn curo ar do'r helm *fel ffyn ar dabwrdd*'

Bydd angen i chi ymateb i'r **gyffelybiaeth** gan roi eich barn ar ei heffeithiolrwydd. Mae glaw mawr yn creu sŵn cryf fel y byddai ffyn ar dabwrdd ac felly mae'n effeithiol. Gallwch anghytuno wrth gwrs a dweud ei fod yn rhy ddramatig.

Cw.
Chwiliwch am gymariaethau eraill a nodwch pa mor effeithiol ydynt.

3 Trosiadau (tud. 28)

Dyma rai enghreifftiau:

> y glaw '*yn llen lwyd*'; y cae '*wedi llosgi'n ddwrn cochddu*'; '*dawnsiai'r llwyth olaf o wair*'; '*aeth y nefoedd yn blwm*'; '*saethodd mellten biws drwy'r cymylau*'

Bydd angen i chi nodi eich ymateb i'r **trosiadau** hyn fel y gwnaethoch i'r cyffelybiaethau.

Cw.
Pa drosiad yw'r mwyaf effeithiol yn eich barn chi? Esboniwch pam.

4 Berfau (tud. 28)

Edrychwch ar y **berfau** yn yr ail baragraff:

> '*Dechreuodd*', '*peidiodd*', '*aeth*', '*saethodd*', '*craciodd*', '*daeth*'.

Yn y paragraff cyntaf mae Islwyn Ffowc Elis yn disgrifio'r glaw trwm. Yn yr ail baragraff mae'n disgrifio'r noson cynt a'r arwyddion bod y glaw ar ddod. Mae'r nofelydd yn defnyddio ffurfiau byrion y ferf yn effeithiol i gyfleu sydynrwydd a chyffro.

Cw.

Beth mae'r gyffelybiaeth *'fel barcud'* yn ei gyfleu i chi yma?

Cofiwch

Yn yr arholiad fe gewch chi un marc am nodi'r nodwedd arddull a'i dyfynnu. Fe gewch chi farc arall am esbonio ei heffeithiolrwydd gan roi rhesymau penodol.

Cw.

Chwiliwch am enghreifftiau eraill o dafodiaith. Beth yw eu heffaith?

5 Defnyddio natur i greu darlun o gymeriad (tud. 9–10)

Yn y paragraff hwn, mae Islwyn Ffowc Elis yn defnyddio'r gwybed i gyfleu'r statws, y parch a'r anrhydedd sydd gan y gymdogaeth tuag at Edward Vaughan:

> *'Ond roedd hyd yn oed y gwybed yn cadw pellter parch rhyngddyn ac Edward Vaughan.'*

Yn y paragraff blaenorol hefyd caiff Edward ei ddisgrifio *'fel barcud'* wrth adnabod gweiryn aeddfed a machlud cadarn sy'n arwydd o dywydd da.

6 Defnyddio'r negyddol ac ailadrodd (tud. 31. paragraff cyntaf ll)

Sylwch ar y defnydd o'r **negyddol** a'r defnydd o **ailadrodd** – *'ni welodd'* deirgwaith ac *'ni chlywodd'* ddwywaith. Ni all Wil werthfawrogi prydferthwch byd natur. Pwysleisir y gwahaniaeth rhwng Karl a Wil.

7 Symbol (tud. 313, paragraff olaf ll)

Cawn ddisgrifiad o goeden fawr wedi cwympo o ganlyniad i ryw storm. Mae'n gorwedd yn farw, ond nid yn hollol farw ychwaith gan fod rhai canghennau'n dal yn las gan ddail. **Symbol** yw'r goeden hon:

> *'Yr oedd y storm wrth gwympo'r goeden, wedi methu tynnu'i gwraidd yn gyfan o'r tir.'*

Mae'r goeden yn symbol ar ddiwedd y nofel i ddarlunio bywyd Edward Vaughan. Mae hefyd yn ein paratoi ar gyfer cais Harri am gael rhentu Lleifior a'i ffermio fel fferm gydweithredol.

8 Tafodiaith (tud. 109–10)

Mae **tafodiaith** Gwdig mor wahanol i dafodiaith pawb arall yn y nofel gan ei fod yn dod o Sir Benfro. Sylwch ar eiriau fel:

> *'Wên i ddim', 'nag a wnethum i', 'Ma' dowt 'da fi', 'Smo fi'n', 'ffaelu arholiad', 'Wes, wes.'*

YMARFER

1 Chwiliwch am nodweddion iaith cymeriadau fel Wil a Terence ar y naill law a Karl ar y llaw arall. Beth sy'n wahanol rhyngddynt? Oes gwahaniaeth rhwng iaith Marged a Harri? Bydd llenwi'r tabl isod o gymorth i chi.

Enw'r cymeriad	Enghraifft 1	Enghraifft 2	Enghraifft 3	Yn debyg i / yn wahanol i
Wil				
Terence				
Karl				
Marged				
Harri				

RHAID

➤ Gwybod rhywfaint am y Crynwyr a hanes y cyfnod er mwyn deall agwedd y cymeriadau

➤ Talu sylw i'r marciau a nodir wrth ochr pob cwestiwn

HU

Darllenwch o dud. 141, *'Mae'r dyn yn lloerig, sylweddolodd Dorcas . . .'*, hyd at dud. 144, *'nes bod neb ar ôl ond Shadrach a rhyw ddyrnaid o bobl, a Gwallter.'*

A Deall agwedd y werin

(a) Beth yw agwedd y bobl tuag at Dorcas yn yr olygfa hon? [4]

- Mae Shadrach yn galw Dorcas yn witsh ac yn ei chysylltu â'i fam ef ei hun a oedd yn butain. Mae'r dorf yn gweiddi; *"I'r afon â'r witsh!" "Crynwr ydy hi!"* ac yn methu â gwahaniaethu rhwng gwrach a Chrynwr.
- Mae'r dorf yn cyfiawnhau ei gosod yn y Gadair Goch am y gallai fod yn wrach ac felly byddai'n peryglu eu diogelwch *'rhaid oedd gofalu am ddiogelwch i'w plant, eu gwŷr a'u gwartheg.'* Hefyd i'r dorf mae hi'n *'Grynwr cableddus ac yn haeddu ei chosbi.'*
- Caiff casineb pur y dorf tuag ati ei gyfleu gan ddisgrifiadau fel *'wynebau gwawdlyd'*, *'bysedd poeth yn crafu'i gwddw ac yn rhwygo'i gwisg'*.
- Caiff ei tharo ar ei chefn noeth â ffyn, sy'n dangos eu hatgasedd tuag ati.

Cofiwch
Fe gewch chi 1 marc am bob pwynt hyd at 4 marc.

B Deall y cynnwys

PWYSIG

Rhaid i chi ddarllen y nofel gyfan yn ofalus a gwybod rhediad y stori cyn gallu ateb y math yma o gwestiwn ar y papur arholiad.

(b) Beth sy'n debyg ac yn wahanol rhwng boddi Dorcas a boddi Betsan Prys yn y bennod agoriadol? [5]

Betsan
- Cododd yr awydd i foddi Betsan o blith y werin bobl a Siôn Dafydd Porthmon yn eu harwain.
- Melltithiodd Betsan Prys y porthmon a chreu cymaint o ofn yng nghalonnau'r dorf nes iddynt anghofio am y Gadair Goch a'i thaflu i'r afon.
- Rhestrwyd y cyhuddiadau yn erbyn Betsan Prys, cyhuddiadau megis: *'witsio gwartheg Tynymynydd a'u gwneud yn hesb'*, *'dawnsio'n noethlymun efo'r diafol'* a *'gwenwyno maip'*.
- Roedd y werin anwybodus yn gwir gredu bod gan hen wragedd fel Betsan Prys alluoedd dieflig.

Dorcas
- Shadrach y cwnstabl oedd yn gyfrifol am erlid Dorcas.
- Ni wnaeth Dorcas ddim byd a fyddai'n gwylltio'r dorf. Yn hytrach, Shadrach wallgof a welodd debygrwydd rhyngddi hi a'i fam ef, a oedd yn butain.
- Mae'n cael ei herlid gan fod Shadrach yn ei galw'n wrach ac eraill yn ei drwgdybio gan ei bod yn Grynwr.

Cofiwch
Bydd angen cyfeirio at bwyntiau penodol er mwyn ennill marciau.

Cofiwch
Fe gewch chi 1 marc am bob pwynt hyd at 5 marc, ond bydd yn rhaid i chi nodi'r hyn sy'n debyg ac yn wahanol i ennill marciau llawn.

B ### Y tebygrwydd

– Hwyl y werin oedd y boddi ar y ddau achlysur. Yn achos Betsan fe drodd yr hwyl yn gasineb wedi'r melltithio. Yn achos Dorcas roedd y ffaith bod cwnstabl ar flaen y gad yn cyfiawnhau'r weithred.

– Wrth wylio boddi Betsan Prys, teimlai Rowland Ellis yn sâl:

'Clywodd y cyfog yn dod i'w wddw.'

Yn yr un modd:

'Bu Gwallter, y töwr o'r Ganllwyd, yn gwylio'r cyfan gyda dychryn a thosturi.'

– Ni lwyddodd Rowland na Gwallter i achub y naill na'r llall.

C ## Dull yr ysgrifennu

PWYSIG ▷

Rhaid ystyried y ffordd mae'r nofelydd yn ysgrifennu.

(c) Cyfeiriwch yn benodol at DAIR nodwedd arddull gan esbonio pam maen nhw'n effeithiol yn eich barn chi. [6]

Cofiwch
Fe gewch chi un marc am nodi'r nodwedd arddull a'i dyfynnu.
Fe gewch chi farc arall am esbonio ei heffeithiolrwydd gan roi rhesymau penodol.

• Mae Shadrach yn cyhuddo Dorcas o fod yn debyg i'w fam drwy **bentyrru cyfres o gymalau byrion**:

"Roedd hitha'n debyg i chdi . . . pob putain yn debyg i'w gilydd . . . Roedd ganddi'r un gwallt a'r un geg . . . ac roedd hithau'n hoff o ddangos 'i bronnau i'r byd gael gweld. Ac roedd y dynion yn dŵad un ar ôl y llall . . ."

Mae'r cymalau byrion yn effeithiol er mwyn dangos gorffwylltra'r cwnstabl.

• Sylwn fod Marion Eames yn **chwarae â'r gair** 'coron':

"y dynion yn dŵad un ar ôl y llall ac yn gadael coron ar y bwrdd . . . Coron . . . glywest ti? Coron. A'i choron hitha'n deilchion mân ar lawr fel pys llygod dan draed."

Mae'r gair 'coron' ar ddechrau'r darn yn cyfeirio at yr arian y byddai'r dynion yn ei dalu i fam Shadrach am ei gwasanaeth. Ond, mae'r goron yn newid i fod yn goron sy'n cael ei gwisgo ar ben person, ac yn bwysicach fel symbol o anrhydedd a pharch. Cafodd hunan-barch ac enw da mam Shadrach eu chwalu am ei bod yn butain. Mae'r gymhariaeth bod y goron bellach 'yn deilchion mân ar lawr fel pys llygod dan draed' hefyd yn cyfleu'r boen a'r gwarth a deimlai Shadrach ac a'i gwnaeth yn wallgof.

Cw.
Chwiliwch am ffurfiau byrion yr amhersonol. Beth yw eu heffaith?

• Er mwyn cyfleu'r cynnwrf wrth i Dorcas geisio dianc rhag Shadrach a'r dorf, mae'r nofelydd yn defnyddio **amser gorffennol y ferf**:

'dechreuodd Dorcas weiddi am help. Peidiodd y gwragedd . . . Cododd y bechgyn . . . Gwaeddodd un o'r gwragedd a theimlodd Dorcas afael Shadrach . . . Fe'i rhwygodd ei hunan yn rhydd a rhedodd . . . Daliodd i redeg . . .'

Mae defnyddio berfau byrion yn dod â'r olygfa'n fyw i ni, ac rydyn ni'n gallu ymdeimlo ag ofn ac arswyd Dorcas wrth iddi geisio dianc rhag gwallgofrwydd Shadrach a'r dorf sy'n ei ddilyn.

YMARFER

1 Disgrifiwch yr olygfa hon drwy lygaid Gwallter a oedd yn gwylio'r olygfa 'gyda dychryn a thosturi'. Efallai bydd ailddarllen yr olygfa sy'n disgrifio boddi Betsan Prys ar ddechrau'r nofel a gweld ymateb Rowland Ellis i'r boddi o gymorth i chi ddeall teimladau Gwallter.

Dod i adnabod cymeriad Rowland Ellis
Y Stafell Ddirgel gan Marion Eames

RHAID

> Dod i adnabod y cymeriadau mewn nofel

HU

PWYSIG

Er mwyn ysgrifennu portread da, rhaid adnabod cymeriad yn drylwyr. Edrychwch ar beth mae Rowland yn ei ddweud a'i wneud a sut mae'r cymeriadau eraill yn ymateb iddo.

Darllenwch o dud. 46, 'Prin y clywodd y ddau y gnoc dawel ar y drws . . .', hyd at dud. 49, "profwch chwychwi eich hunain sef bod Iesu Grist ynoch . . ."

A Yr argraff a gawn o gymeriad Rowland Ellis yn y darn

Cw.
Chwiliwch am enghreifftiau eraill sy'n awgrymu pa fath o gymeriad yw Rowland.

- Er bod Rowland Ellis yn uchelwr, aeth i ymweld â Sinai Roberts. Roedd hi'n weddw wedi marwolaeth ei gŵr Ifan ac yn byw gyda'i naw o blant yn ei bwthyn tlawd. Gwyddai Ellis Puw fod yr ymweliad *'yn ddigwyddiad tyngedfennol'*, gan mai Crynwyr oedden nhw.

- Roedd Rowland wedi dod i gydymdeimlo ac nid i rwystro Ellis Puw rhag mynd yno fel yr ofnai Sinai. Roedd hefyd wedi dod â *'cosyn anferth a sach o flawd gwenith ac wyau'.* Yn ogystal cynigiodd gymryd Lisa fel morwyn er mwyn sicrhau bod y teulu tlawd yn cael rhywfaint o arian.

- Roedd y ffaith iddo ymweld â Sinai ynddo ei hun yn brawf ei fod yn **ŵr egwyddorol** ac yn agosáu at y Crynwyr. Cawn dystiolaeth bellach o hyn wrth i Ellis Puw gerdded adref gyda Rowland a'r ddau'n siarad am Grynwyr megis Ifan Roberts a George Fox:

  'Daeth rhyddhad i'r ddau o wybod y gallent o'r diwedd siarad am y pethau a fu'n fur o dân rhyngddynt ers misoedd.'

- Pwysleisia Ellis fod Rowland wedi cael addysg dda cyn ei ddisgrifio'n fanwl:

  'Sylwodd ar gefn syth ac urddasol Rowland Ellis a'i ysgwyddau llydan. Bron yn fenywaidd oedd y gwallt hir cyrliog a'r dwylo main o dan y ryffl o sidan du. Ond roedd cadernid arweinydd yn y llais a'r llygaid miniog.'

B Perthynas Rowland Ellis â'i wraig Meg

Cw.
Chwiliwch am enghreifftiau eraill sy'n dangos y math o berthynas sydd rhwng Rowland a Meg.

- Rhaid tynnu sylw at y ffaith i Rowland Ellis ymweld â Sinai heb ddweud gair wrth ei wraig Meg am ei fwriad. Byddai hi wedi gwrthwynebu'n ffyrnig. Yn yr un modd, penderfynodd gyflogi Lisa heb ymgynghori â hi. Gellid dadlau ei fod yn hunanol wrth wneud hyn.

- Dydy Rowland Ellis ddim yn trafod ei gydymdeimlad â'r Crynwyr gyda Meg.

C Digwyddiadau ym mywyd Rowland sy'n awgrymu y byddai'n troi'n Grynwr

- Yn amlwg mae'r olygfa yn y darn darllen yn awgrymu'n gryf bod diddordeb mawr gan Rowland yn y Crynwyr.

- Hefyd yn y bennod gyntaf gwelwn fod Rowland yn wahanol i Hywel Vaughan:

    'Gwelai [Hywel] ddynion bob amser yn eu bychander, synhwyrai eu cymhellion isaf, ni ddisgwyliai ond y gwaethaf oddi wrth ei ffrindiau.'

    Roedd Hywel wrth ei fodd yn clywed am y bwriad i foddi gwrach:

    "Hwyl iach y werin, welwch chi. Canu dawnsio slotian gwreica – ac os bydd pall ar y sbort, a sur yn y grawnwin – boddi gwrach."

    Ar y llaw arall roedd yn gas gan Rowland yr arferiad barbaraidd hwn:

    'Crynai o'i gorun i'w draed gan hunan-gasineb.'

- Hefyd mae Rowland yn cynnig dysgu Ellis Puw i ddarllen er i Ellis ddweud wrtho fod ganddo lyfrau Morgan Llwyd, *"hwnnw am yr adar yn ymddiddan".* O wybod hynny ni allai Rowland lai na sylweddoli bod Ellis yn perthyn i'r Crynwyr, yn enwedig wedi i Ellis esbonio cynnwys y llyfrau hyn.

- Yn y Plygain yn Hengwrt roedd wyneb di-wên Rowland yn dyst o'r ffaith nad oedd yn mwynhau'r parti:

    'teimlodd ar y funud ei fod yn nes at ei was Ellis yn ei glos ffustian a'i grys gwlân nag yr oedd at y boneddigion hyn yn chwyrlïo o gwmpas yn eu sidanau a'u melfed . . .'

- Bu Rowland yn sgwrsio â Jane Owen yn y llyfrgell noson y Plygain. Roedd hi wedi dod i ofyn i Hywel, ei brawd, ryddhau Ifan hwsmon Dolserau o'r carchar. Ofer fu ei chais. Eto i gyd dywedodd hi wrth ymadael:

    "Duw fyddo gyda thi, Rowland Ellis. Hwyrach na ddois i yma'n ofer wedi'r cwbwl."

Cw.

Chwiliwch am enghreifftiau eraill o'r gwahaniaeth rhwng Hywel a Rowland.

Cw.

Beth yw barn Ellis Puw am ei feistr?

YMARFER

1 Ydy Rowland Ellis yn aberthu ei briodas drwy ymuno â'r Crynwyr? Ydy ei egwyddorion yn bwysicach iddo na'i wraig? Cofiwch roi tystiolaeth wrth ateb.

2 Beth ydy cryfderau Rowland Ellis fel cymeriad? Bydd angen i chi ystyried:

   Ydy e'n ddyn o egwyddor?
   Ydy e'n fodlon aberthu dros ei egwyddorion?
   Ydy e'n arweinydd naturiol?

3 Dychmygwch mai chi yw Ellis Puw. Ysgrifennwch **ddeialog** rhyngoch chi a Sinai Roberts yn trafod a fydd Rowland Ellis yn ymuno â'r Crynwyr? Bydd o gymorth i chi ddarllen y chwe thudalen gyntaf ym mhennod 4.

RHAID

➤ Paratoi drwy gydol y flwyddyn ac ar gyfer diwrnod yr arholiad

➤ Defnyddio pob cyfle posibl i weithio mewn grŵp o dri

A *Gwybod beth i baratoi (Iaith)*

Fe fyddwch chi'n paratoi ar gyfer:

1 **Mynegi a chefnogi barn** sy'n cael ei arholi mewn grŵp o dri
2 **Cyflwyno gwybodaeth** sy'n dasg i chi ar eich pen eich hun.

PWYSIG

Fe gewch chi hanner y marciau am ansawdd iaith a mynegiant.

B *Mynegi barn - trafod mewn grŵp (Iaith)*

Fe gewch chi'r testun trafod ar ddiwrnod yr arholiad. Wedi astudio'r deunydd, gweithiwch gyda'ch gilydd.

- Edrychwch ar y lluniau a siaradwch amdanyn nhw.

- Darllenwch bob gair yn ofalus.

- Dysgwch y termau fydd yn bwysig i chi yn yr arholiad.

- Rhestrwch eich pwyntiau'n fyr er mwyn rhoi trefn i'r trafod.

Haen Sylfaenol

Mae '**Bwlio**' yn un testun posibl. Dyma rai awgrymiadau i'ch helpu chi i ddatblygu'r sgwrs. Meddyliwch am enghreifftiau a siaradwch amdanyn nhw gyda'ch gilydd yn ystod yr amser paratoi:

> Pigo ar berson llai na fo'i hun mae bwli

bwlio 'agored'	bwlio 'cudd'
• trais corfforol • gweiddi neu regi arnoch • dwyn eich eiddo	• rhoi bai arnoch chi • hel straeon amdanoch chi • dwyn eich syniadau

Gwnewch yn siŵr eich bod yn deall beth yw ystyr geiriau fel 'trais' a 'dwyn', a defnyddiwch y geiriau hyn yn eich sgwrs. Yna, byddwch yn siŵr o ennill mwy o farciau.

Meddyliwch am yr enghreifftiau o fwlio rydych chi wedi eu gweld neu eu dioddef yn yr ysgol gynradd, yr ysgol uwchradd, ar y stryd.

Cofiwch
Dylech wneud defnydd da o'r amser paratoi trwy gydweithio gyda'r aelodau eraill yn eich grŵp.

Cofiwch
I gyrraedd gradd C rhaid:
trafod y testun yn fanwl, mynegi barn yn gyson, cyflwyno tystiolaeth, siarad yn hyderus.

Cofiwch siarad. Peidiwch â bod yn swil. Does dim marciau am fod yn dawel.

Haen Uwch

Dyma ddeunyddiau posibl ar y testun '**Codi hyder y Cymry**'.

Dychmygwch fod gennych luniau o Gymry enwog megis yr actorion Ioan Gruffudd, Anthony Hopkins a Rhys Ifans, a gwleidyddion megis Aneurin Bevan, Rhodri Morgan, Owain Glyndŵr. Hefyd bydd gennych enwau ffilmiau fel *Hedd Wyn* a *Solomon a Gaenor* a grwpiau pop o Gymru fel Super Furry Animals, Anweledig a Kentucky AFC.

Hefyd bydd gennych dipyn o ddeunydd darllen i'w astudio o ran cynnwys ac o ran geirfa. Enghraifft bosibl yw'r darn isod sy'n seiliedig ar wybodaeth gan Y Cynulliad.

Cymru'n Symud Ymlaen

- Mae angen symud y pwyslais oddi wrth ddenu diwydiannau tramor i hybu rhai brodorol. Dim ond 8% o swyddi Cymru sydd yn y sector tramor. Mae angen hefyd ganfod ffyrdd o ledu buddsoddi tramor ar hyd a lled y wlad.
- Mae lle i newid y system sy'n rhoi arian i Gymru.
- Rhaid gweld amaeth yn rhan o economi cefn gwlad, yn hytrach na sector ar wahân.
- Rhaid i dwristiaeth beidio â datblygu yn ddiwydiant Sinderela.
- Mae angen sefydlu'r Bac Cymreig – arholiad i ddisodli'r Lefel A ac un sy'n cynnig addysg lawer ehangach.

Dyma'r **camau allweddol**:

1 Penderfynwch fel grŵp ar y pynciau sydd o ddiddordeb i chi ymhlith y dewis uchod.

2 Gwnewch yn sicr fod:
  – digon o wybodaeth gennych am y pynciau hyn
  – barn bendant gennych a bod y dystiolaeth i gefnogi hynny ar flaenau eich bysedd.

3 Cofiwch fod gwrando ar safbwyntiau eraill ac ymateb iddyn nhw yn rhan bwysig wrth drafod syniadau a mynegi eich barn eich hun yn effeithiol.

4 Wrth sgwrsio, cofiwch ehangu'r drafodaeth. Cyflwynwch bwyntiau newydd a newidiwch gyfeiriad y trafod.

5 Peidiwch â thorri ar draws y disgyblion eraill.

Ar yr Haen Uwch, byddwch yn siarad yn hyderus ac yn trafod yn aeddfed. Pwyllwch. Trafodwch safbwyntiau eraill yn ogystal â'ch barn eich hun.

PWYSIG

Cofiwch
Bydd angen ymarfer fel bod y pwyntiau hyn yn dod yn naturiol i chi.

PWYSIG

C Cyflwyno gwybodaeth – yn unigol (Iaith)

Dyma'r **camau allweddol:**

1 Dewiswch bwnc sydd o ddiddordeb i chi a phwnc rydych chi'n gwybod tipyn amdano.

2 Paratowch ymlaen llaw.

3 Cofiwch godi sawl agwedd ar y pwnc.

4 Cyflwynwch eich pwnc yn glir ac yn drefnus.

5 Bydd angen i chi ymarfer drwy lefaru'n uchel. Os yn bosibl gofynnwch i rywun wrando arnoch chi.

Cofiwch
Bydd yr arholiad llafar yn un rhan o dair o'r holl farciau.

Dyma ddau bwnc posibl. Edrychwch faint o wahanol agweddau sydd yn cael eu nodi. I gyrraedd gradd C ac yn sicr er mwyn ennill gradd uwch, rhaid i chi allu dadansoddi'r syniadau yn eich cyflwyniad.

Haen Uwch

Pwnc yn y newyddion		Euthanasia
• Y ffeithiau yn ôl un ffynhonnell		• Diffiniad
• Y ffeithiau yn ôl ffynhonnell arall	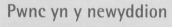 **pedair agwedd**	• Barn y gyfraith
• Dadansoddi'r syniadau		• Hawliau'r unigolyn
• Gosod y cyfan yn ei gefndir		• Enghreifftiau unigol

Haen Sylfaenol

Rygbi / Pêl-droed		Grŵp pop
• Hanes dechrau'r gêm		• Hanes y grŵp
• Rheolau	**tair agwedd**	• Unigolion a'u cyfraniad
• Timau / chwaraewyr enwog		• Y math o gerddoriaeth a chaneuon unigol

CH Gwybod beth i baratoi (Llenyddiaeth)

Yn yr arholiad Llenyddiaeth llafar fe fyddwch chi'n paratoi ar gyfer trafod y ffilm rydych chi wedi ei hastudio. Byddwch hefyd wedi darllen llyfr sy'n trafod yr un stori neu storïau â'r ffilm.

Bydd gennych hyd at hanner awr i baratoi. Chewch chi ddim mynd â dim gyda chi i'r ystafell baratoi ond fe gewch chi wneud nodiadau byr yn ystod y cyfnod hwn.

PWYSIG

D Adolygu (Llenyddiaeth)

Haen Sylfaenol

Gwnewch yn siŵr eich bod:
- yn gwybod stori'r ffilm
- yn gwybod enwau'r cymeriadau a beth sy'n digwydd iddyn nhw yn y ffilm ac yn y llyfr
- wedi dewis o leiaf dwy olygfa ac yn gwybod popeth amdanyn nhw
- yn barod i ddweud beth sy'n dda am y ffilm a beth nad ydych chi'n ei hoffi a rhoi rhesymau pam.

I gyrraedd Gradd C, rhaid cyfeirio at y llyfr a rhoi barn ar y technegau camera a'r ffordd mae'r cymeriadau'n siarad â'i gilydd yn y ffilm.

Haen Uwch

Gwnewch yn siŵr eich bod:
- yn gwybod ac yn gallu dadansoddi cefndir a themâu'r ffilm
- yn gwybod pa rannau sy'n gofiadwy i chi, ac yn gallu eu dadansoddi a'u cymharu â'r testun mewn print lle bydd hynny'n bosibl
- yn barod i roi eich barn am y ffilm
- yn gallu dyfynnu deialog a chyfeirio'n fanwl at y gwaith camera.

I gyrraedd Gradd A, rhaid sôn yn fanwl am y technegau camera a'r iaith yn y ffilm gan drafod a ydyn nhw'n effeithiol ai peidio. Hefyd mae gofyn cyfeirio'n ddeallus at y llyfr gan ddweud beth sy'n debyg neu'n wahanol rhwng y ffilm a'r llyfr.

Cofiwch

Fe gewch chi'r cwestiwn ar ddiwrnod yr arholiad.

PWYSIG

Cofiwch

Mae pwyslais yr arholiad ar y ffilm.

PWYSIG

YMARFER

1 Paratowch gyflwyniad ar destun o'ch dewis ar gyfer eich arholiad llafar Iaith. Dylai fod tua 4–5 munud o hyd. Yna, recordiwch eich llais a gwrando arno. Byddwch yn feirniadol:
- Ydych chi'n cyflwyno eich testun mewn ffordd ddiddorol?
- Neu ydy eich llais yn undonog ac yn anniddorol?
- Sylwch ar eich geirfa, eich treigladau a phatrwm y brawddegau.
- Ydych chi'n gallu gwella arni?

2 Ar gyfer eich arholiad llafar Llenyddiaeth recordiwch eich llais yn trafod y ffilm ac yna gwrandewch arno.
- Byddwch yn feirniadol.
- Ydych chi'n rhoi digon o ffeithiau am y plot a'r cymeriadau?
- Ydych chi'n defnyddio termau fel golygfa, siot agos, siot bell, sain, cerddoriaeth, colur, gwisgoedd?
- Ydych chi'n gallu gwneud yn well na hyn?

Os felly, recordiwch eich hun eto.

Gofal wrth ysgrifennu

RHAID

➤ Ysgrifennu'n fywiog a mwynhau'r dasg

➤ Cymryd gofal wrth i chi ysgrifennu ac wedi i chi orffen eich tasg

A Pwyntiau i'w cofio wrth weithio

Cofiwch
Mae sôn am wahanol ffurfiau ar dud. 64.

Rhaid:

- cynllunio eich gwaith fel bod dechrau, canol a diwedd iddo

- rhoi trefn ar eich syniadau

- agor yn effeithiol a gorffen yn gryf

- meddwl ar gyfer pwy mae'r gwaith, pwy yw eich cynulleidfa

- ystyried gofynion y ffurf.

Cofiwch ddarllen y cwestiynau'n ofalus. Tanlinellwch y geiriau allweddol a pheidiwch â rhuthro i ddechrau ysgrifennu.

PWYSIG

B Trefnu'r paragraffau

1 Wrth gynllunio, casglwch y syniadau tebyg gyda'i gilydd. Trwy wneud hyn, fe welwch chi gynnwys y paragraffau'n datblygu'n drefnus. Yna, fe allwch chi adeiladu'r gwaith yn hawdd.

2 Ar ddiwedd pob paragraff, darllenwch dros y cynnwys. Meddyliwch am funud a oes rhagor o syniadau gennych. Edrychwch yn arbennig ar eich brawddeg olaf, ac ystyriwch a ydy hi'n ddigon da fel brawddeg olaf paragraff.

3 Wrth ddechrau'r paragraff nesaf, meddyliwch a oes modd creu cyswllt rhwng brawddeg gyntaf y paragraff newydd a brawddeg olaf y paragraff blaenorol.

C Creu argraff dda

Meddyliwch! Ydych chi wedi defnyddio'r un gair ddwywaith yn yr un frawddeg? Ydych chi wedi dechrau sawl brawddeg yn yr un ffordd, wedi gorddefnyddio **mae . . . mae** a **roedd . . . roedd**, er enghraifft. Os felly, rhaid i chi feddwl eto a newid eich gwaith.

I greu argraff ac ennill marciau, rhaid:

- rhoi sylw i ddechrau brawddegau

- amrywio hyd brawddegau gan osgoi gormod o frawddegau byrion neu ormod o frawddegau hirion

C

- rhoi sylw manwl i berson y ferf, yn arbennig yn y gorffennol:
  - sylwais i   sylwodd yr athrawon   sylwon nhw

- defnyddio ymadroddion Cymraeg yn hytrach na rhai Saesneg
  - e.e., yn lle 'rhoi fyny / lan', ysgrifennwch rhoi'r ffidil yn y to.

CH Edrych dros eich gwaith o ran sillafu a threiglo

1 Nodwch y geiriau rydych chi'n eu camsillafu'n aml a'r gwallau treiglo yn eich gwaith. Copïwch nhw'n gywir.
2 Cadwch y rhain o'ch blaen wrth i chi adolygu.
3 Copïwch nhw'n gywir unwaith eto.
4 Edrychwch arnyn nhw cyn:
- gwneud y dasg ffolio dan amodau arholiad
- mynd i mewn i'ch arholiad allanol.

D Edrych dros eich gwaith o ran atalnodi

Mae edrych ar yr atalnodi hefyd yn bwysig. Er enghraifft, wedi ysgrifennu darn o ddeialog rhwng dau gymeriad, ewch yn ôl dros eich gwaith.

Sylwch eto ar yr atalnodi. Mae mor hawdd clywed y sgwrs ac anghofio am y person sy'n mynd i ddarllen y ddeialog.

Ydy'r ddeialog yn hawdd ei darllen?
Oes marc cwestiwn ar ddiwedd cwestiwn?
Oes atalnod llawn ar ddiwedd **pob** brawddeg?
Beth am y dyfynodau? Wedi eu hagor **ac** wedi eu cau?

DD Yr arholiad

Cyn yr arholiad:

- Ewch dros y pwyntiau yn yr adran hon – technegau paragraffu, amrywio brawddegau, sillafu, treiglo, atalnodi – a gwnewch ymdrech i'w perffeithio nhw.

Ar ddiwrnod yr arholiad:

- Cofiwch dreulio peth amser yn darllen y cwestiynau'n ofalus. Tanlinellwch y geiriau allweddol a pheidiwch â rhuthro i ddechrau ysgrifennu.

YMARFER

1 Dyma baragraff a ysgrifennwyd mewn arholiad. Ysgrifennwch y cyfan yn gywir.

Gwers diflas arall o cemeg. Awr a deg funed o poen. Beth wnaethon ni yn y wers diwethaf. O ie, rwyn coffio. Dim. Achos roedd hi wedi sgrechen arno ni.

Beth sy'n digwedd lawr yn y blaen mae Michael a David yn chwerthin. Bydd hyn yn gwneud iddo hi mynd yn wallgo fod nhw ddim yn grando!

Gofal wrth ddewis ffurf

RHAID ➤ Dewis ffurf sy'n dangos eich sgiliau chi ar eu gorau

A Dewis yr hyn rydych chi'n gallu ei wneud

Fe gewch chi **ddewis**:

- stori
- ymson
- deialog
- llythyr
- dyddiadur
- araith
- adroddiad papur newydd
- portread

PWYSIG

Fe ddylech chi ymarfer pob ffurf a deall pa sgiliau sydd angen eu datblygu. Yna, fe allwch chi ddewis pa ffurf sy'n dangos eich sgiliau ar eu gorau a chreu gwaith cwrs sy'n adlewyrchu eich cryfderau.

B Yr arholiad ysgrifenedig allanol

Cofiwch

Rhaid i chi benderfynu pa un o'r ffurfiau hyn fydd yn ennill y marciau gorau i chi. Edrychwch eto!

Yn Adran B yn yr arholiad Iaith fe gewch chi gwestiwn tebyg i hwn:

Dewiswch un o'r testunau canlynol ac ysgrifennwch arno.

Bydd y cwestiwn yn rhoi rhywfaint o ddewis i chi. Gall fod disgwyl i chi ysgrifennu stori, ymson, portread, dyddiadur, adroddiad papur newydd, araith neu lythyr yn mynegi barn er enghraifft.

Mae llawer yn dewis **mynegi barn** am fod y cwestiwn yn rhoi testun pendant i chi.

Beth am ysgrifennu **stori**? Edrychwch ar y testun ar gyfer yr **ymson** neu'r **dyddiadur**. Mae'n bosibl bod angen ychydig bach mwy o feddwl cyn dechrau ysgrifennu, ond gall ennill mwy o farciau i chi.

C Gwaith cwrs

Bydd yn rhaid i chi gyflwyno tair tasg wahanol yn eich ffolio Iaith. Chi sy'n cael dewis pa destun, pa dasg a pha ffurf. Dyma'r tasgau:

Adran A	1 Tasg greadigol yn seiliedig ar waith llenyddol
Adran B	2 Tasg trafod a mynegi barn 3 Tasg greadigol bersonol

C

PWYSIG

Cofiwch beidio â dewis yr un ffurf ar gyfer y tair tasg. Fyddwch chi ddim yn creu argraff dda ar y safonwr allanol os byddwch yn dewis, er enghraifft, ffurf y llythyr ar gyfer pob tasg.

Os ydych am greu argraff ffafriol, yna **dewiswch yn ddoeth**. Dyma enghraifft:

1 Tasg greadigol yn seiliedig ar waith llenyddol – **diweddglo newydd**
2 Tasg trafod a mynegi barn – **llythyr**
3 Tasg greadigol bersonol – **portread** neu **ymson** neu . . .

CH Pwysigrwydd cynllunio

Mae mor bwysig llunio cynllun da cyn mynd ati i ysgrifennu.

Ydy, mae'n boen! Ydy, mae'n cymryd mwy o amser! Ond, byddwch yn sicr o ennill **mwy o farciau** wedi i chi gynllunio'n ofalus yn ystod B10 a B11.

Dyma un o'r ffactorau fydd yn siŵr o effeithio ar eich marc terfynol.

Dyma rai canllawiau wrth i chi gynllunio:

Cofiwch
Mae'n bwysig gwneud cynllun bob tro. Mae'n ennill marciau!

1 Meddyliwch yn ofalus sut byddwch chi'n dechrau.

2 Nodwch o leiaf bum pwynt ac ychwanegwch atyn nhw wrth i chi ysgrifennu.

3 Ystyriwch drefn y paragraffau a newidiwch y drefn honno yn ôl y galw. (Bydd yn fanteisiol os gallwch baratoi peth o'ch gwaith cwrs ar gyfrifiadur.)

4 Cofiwch drwy'r amser am y ffurf ac am eich cynulleidfa.

5 Beth am y diwedd? Mae'n bwysig gorffen yn gryf. Wrth ddarllen y diweddglo bydd yr arholwr yn meddwl am farc.

D Cywirdeb iaith

Edrychwch eto dros eich gwaith a'i gywiro. Defnyddiwch lygad athro! Dyma rai enghreifftiau:

Cofiwch
Os daw rhyw ymadrodd da neu idiom i'ch meddwl, nodwch hwn wrth i chi ysgrifennu.

Berfau	Treigladau	Sillafu
penderfyn~~odd~~ nhw > *penderfynon nhw* ~~aeth~~ i > ***es*** *i*	am ~~tri~~ o'r gloch > am ***dri*** rhaid i fi ~~mynd~~ > rhaid i fi **fynd** tair merch ~~bach~~ > *tair merch **fach*** cawson nhw ~~gweld~~ > cawson nhw ***weld***	hynnu > *hyn**ny*** i fynnu > *i fy**ny*** hâf > *haf*

Sylwch hefyd ar y brawddegau ac ar yr atalnod llawn, y marc cwestiwn, a'r dyfynodau yn y ddeialog. Bydd sicrhau cywirdeb y pethau bach hyn yn ennill llawer o farciau i chi.

RHAID

➤ Darllen y ddrama'n ofalus

➤ Adnabod y cymeriadau a deall rhediad y stori'n dda

A Gwneud yn siŵr eich bod chi'n deall beth yw'r dasg

Yn y ffolio Llenyddiaeth, rhaid gwneud **un dasg greadigol wedi'i seilio ar ddrama**. Os dewiswch astudio drama brintiedig, fe allwch chi gyflwyno'r dasg hon yn y ffolio Cymraeg – Iaith Gyntaf **ac** ar gyfer y gwaith cwrs Llenyddiaeth. Bydd yr un dasg yn cael ei hasesu ddwywaith er y bydd pwyslais gwahanol ar yr asesu.

Cofiwch, rhaid:

- bod y ddrama mewn print

- i'r dasg fod yn un greadigol

- bod y manylion yn eich tasg chi wedi eu seilio'n gadarn ar gynnwys y ddrama

- bod yr un awyrgylch yn eich tasg ag sydd yn y ddrama.

B Dewis drama

Sylwch
Dramâu posibl eraill fyddai:
HU **Leni** – Dewi Wyn Williams
HSU **Shirley Valentine**
HS **Agi! Agi! Agi!** – Urien William
'Y Sosban' – Myrddin ap Dafydd

Mae *Siwan* gan Saunders Lewis yn ddrama bosibl ar gyfer y dasg hon. Mae'n gyffrous, yn glasur o ddrama a dim ond ychydig o gymeriadau sydd ynddi. Er hynny, er mwyn ymateb yn greadigol bydd angen dychymyg a gwybodaeth am hanes cyfnod y ddrama, yn enwedig:

- bywydau uchelwyr yn yr Oesoedd Canol

- y tyndra rhwng arglwyddi Cymru a'r arglwyddi Seisnig

- uchelgais yr Arglwyddi Seisnig i ehangu eu tiroedd a'u pŵer dros fwy a mwy o ardaloedd yng Nghymru

- bywyd gwragedd yr arglwyddi hyn, gan gofio mai dyletswydd yn hytrach na chariad oedd y rheswm y tu ôl i'r briodas yn aml.

C Newid y pwyslais a chreu stori

Gyferbyn mae dau gynllun posibl.

Fe allech chi greu stori am gymeriad tebyg i Gwilym Brewys:

Cynllun 1

- yn ifanc, yn syrthio mewn cariad â . . .
- yn tyfu'n filwr, a'i gampau wrth ymladd yn erbyn y Cymry
- sut y cafodd ei ddal
- yn gwella o'i glwyfau yn cyfarfod eto â . . .
- diweddglo dychmygus sy'n debyg o ran naws.

Neu fe allech chi adrodd y stori o safbwynt merch ifanc fel Alis:

Cynllun 2

- yn ifanc, yn byw mewn pentref yng Ngwynedd
- ei phriodas ag un o filwyr Llywelyn
- ei gwaith bob dydd fel morwyn mewn castell
- diweddglo dychmygus sy'n cynnal y naws.

CH 'Stori Marged' – tasg ffolio yn seiliedig ar *Siwan*

Dewisodd un ferch adrodd hanes Marged, arglwyddes ifanc a merch i Arglwydd Brycheiniog, a'i phriodas â John de Turri, Arglwydd Efael.

Disgynnodd gawell o sidan gwyn am Marged, y dywysoges ifanc, a diflannodd ei phen nes iddo ymddangos eto fel cwningen allan o dwll. Amdani roedd y wisg dywysogaidd â pherlau dros y bodis yn drwm fel plwm ar ei chorff eiddil. Brwsiodd y forwyn wallt hir, sidanaidd ei meistres yn dyner. Gwyddai Luned mai dyma'r tro olaf y byddai ei chrib yn symud yn ofalus drwy wallt trwchus hardd ei meistres.

Paragraff agoriadol y dasg yw hwn. Darllenwch dudalen cyntaf *Siwan* ac fe welwch fod y dasg:

- yn seiliedig ar gymeriadau tebyg
- yn cynnwys manylion tebyg
- yn creu yr un awyrgylch a'r un naws.

Priodas wleidyddol oedd y briodas yma i sicrhau cynghrair i deulu Brycheiniog pe bai rhyfel yn codi. Nid ystyriwyd teimladau Marged ond fel buwch i'w throsglwyddo ar ddiwrnod mart.

Yn y darnau uchod, fe welwch chi fod yr enwau'n wahanol: Luned yw enw'r forwyn a Marged yw'r dywysoges. Mae gwahaniaethau eraill hefyd. Mae Marged yn ifanc a hithau'n gwisgo ei gwisg briodas yn hytrach na thynnu gwisg drom y llys.

Rhaid darllen ymhellach cyn i'r sefyllfa ddatblygu ac inni gael gweld dychymyg y disgybl ar waith. Mae'r wledd briodas yn dilyn y briodas ei hun a Marged yn gadael ei chartref.

"Esgusodwch fi syr," meddai Marged â'i llais yn crynu. "Meddwl oeddwn i . . . a fyddai'n bosibl i fy llawforwyn Luned ddod yn gwmni i mi i'ch llys?"

Mewn Saesneg ffraeth atebodd ei gŵr, "Mae'n ddrwg gen i Marged, ond mae'n ddigon bod un Gymraes yn dychwelyd i'm llys. Mae digon o forynion Ffrengig i dendio arnat ti yn y castell."

A dyna gychwyn stori priodas Marged. Sut mae'n datblygu tybed?

- Ydy hi'n cael cariad o Gymro y bydd ei gŵr yn ei grogi?
- Ydy'r Tywysog Llywelyn ei hun yn ymosod ar gastell John de Turri?
- Ydy Marged yn cyflawni trosedd fydd yn cael ei chosbi gan ei gŵr?
- Ydy cariad yn datblygu rhwng y ddau?

Cofiwch

Rhaid bod tebygrwydd rhwng eich stori chi a stori'r ddrama wreiddiol.

Cofiwch

Rhaid tynnu ar gynnwys y ddrama ond ei ddefnyddio mewn ffordd wahanol.

Cofiwch

Rhaid defnyddio'ch dychymyg i ddatblygu'r stori.

YMARFER

1 Sgwrsiwch â'ch athro/athrawes a gofynnwch am gyngor am ddrama a fydd yn addas fel sail ar gyfer eich gwaith creadigol chi.

Cynlluniwch eich gwaith yn ofalus. Rhaid bod gennych wybodaeth gadarn o'r ddrama. Cofiwch ystyried: cefndir y ddrama; y cymeriadau; dyfeisio plot sy'n cyfuno'r ffeithiol a'r dychmygol; naws ac arddull y gwreiddiol.

RHAID

➤ Darllen y stori neu'r nofel yn ofalus

➤ Adnabod y cymeriadau a deall rhediad y stori'n dda

HS

A Gwneud yn siŵr eich bod chi'n deall beth yw'r dasg

Ar gyfer y dasg hon, rhaid darllen nofel, stori fer / straeon byrion neu ddrama brintiedig. **Rhaid i'r dasg gael ei seilio'n gadarn ar y testun neu fod yn ddatblygiad ohono.** Yn syml, **rhaid i'r testun gael lle pendant, canolog** yn eich gwaith chi.

B Penderfynu ble i gychwyn diweddglo newydd

Fe allech chi ddewis *Tyfu*, sef cyfrol o straeon byrion gan Jane Edwards ac yna:

- dewis un stori
- dod i adnabod y cymeriadau a deall yr hyn sy'n digwydd iddyn nhw
- penderfynu ble mae'r diweddglo newydd yn mynd i gychwyn.

Edrychwch ar waelod tud. 60. Dyma le posibl i chi gychwyn eich diweddglo newydd.

All Nans ddim nofio. Dydy hi ddim eisiau cyfaddef hyn wrth Luned ac Emyr. Felly, mae Gwen ei chwaer yn sibrwd yng nghlust Nans:

Beth am y stori 'Mynd i nofio'?

Dyma ran o'r stori wreiddiol. ⟶

> *"Paid â dangos iddyn nhw na fedri di ddim nofio . . ."*
>
> *"Tyd, mi gerddwn ni at y graig fach acw," medda Gwen. "Dydi hi ddim yn bell." Ar y graig anghyffyrddus iawn, edrychai'r traeth ymhell i ffwrdd a'r bobl – neu falla mai adar oeddan nhw – fel ieir bach yr ha.*
>
> *"Awn ni ddim yn ôl am sbel," medda Gwen, "ddim tan fydd y ddau acw wedi blino nofio. Maen nhw'n deud sti, y gall pawb nofio pan ddaw hi i'r pen."*
>
> *"Sut mae pobol yn boddi nta?" Dyna deimlo ton yn taro 'nhraed i. Roedd y môr yn cau amdanon ni a'r traeth ymhellach i ffwrdd nag erioed.*

CH Llunio diweddglo newydd

Dyma lle mae angen ysbrydoliaeth a dychymyg. Mae pedwar cymeriad, Emyr a Luned, y brawd a'r chwaer sy'n nofwyr da, a Gwen a Nans. Nans sy'n adrodd yr hanes, ac yn y dasg hon bydd yn rhaid i chi gymryd lle Nans.

Hefyd, mae drama fawr ar fin digwydd. Ydy Nans a Gwen yn mynd i foddi?

Dyma rannau o ddau ddiweddglo gwahanol a luniwyd dan amodau arholiad.

CH

Sylwch ar y ddeialog. Mae tensiwn, ofn a hiwmor yn y ddau fersiwn.

Fel yn y gwreiddiol, mae methu nofio'n broblem fawr.

Mae'r ddau ddiweddglo, er yn wahanol yn codi o'r stori.

1

Dyna deimlo ton yn taro 'nhraed. Roedd y môr yn cau amdanon ni a'r traeth ymhellach i ffwrdd nag erioed.

"Gwen mae'r llanw'n dod i mewn."

"Paid â bod mor dwp – mynd allan mae'r llanw. . ."

"Gwen dwi ddim yn jocan nawr. Edrycha pa mor bell i ffwrdd mae'r traeth."

"Drych! Wna i neidio o'r graig er mwyn i ti weld. Mae hi'n dechrau oeri fan hyn."

"Gwen paid neidio."

Roedd Gwen yno un eiliad a'r eiliad nesaf doedd hi ddim. Gwelais ei phen yn dod i fyny a gafaelais yn dynn yn ei gwallt a'i thynnu fyny.

"Beth dan ni'n mynd i wneud?"

Gwaeddais a gwaeddais nerth fy mhen. Roeddwn bron crio pan welais Luned ac Emyr yn codi llaw arnon ni, yn meddwl mai gêm oedd hyn i gyd.

"Mae'n rhaid i ni drio nofio."

"Na!"

Codais ar fy nhraed a dechrau gweiddi a chwifio mreichiau. Anwybyddais y graig bigog dan fy nhraed. Mae'n rhaid bod Luned ac Emyr wedi sylweddoli bod rhywbeth yn bod y pryd hwnnw oherwydd fe redon nhw i mewn i'r môr. . . .

Gafaelodd Emrys yn Gwen a gafaelodd Luned yn fy mraich.

Ar y traeth, dechreuodd Luned chwerthin, "Hei Emrys, bydd yn rhaid i ni fynd i Rhyl i weld tad rhain yn gwisgo'i fedal aur." "Bydd. Rwy'n meddwl bod y ddwy'n haeddu medal aur am ddweud celwyddau!"

Diweddglo
Penderfynais bryd hynny nad oeddwn yn mynd i ddweud mwy o gelwyddau. Wel, tan yfory, beth bynnag.

2

"Be dan ni'n mynd i wneud rŵan?" Roedd y dŵr yn dod yn nes ac yn nes ac yn uwch ac yn uwch

"Fydd o at ein sgwyddau," meddwn yn ofnus.

"Gwen, be dan ni'n mynd i wneud?"

Roedd Luned ac Emrys yn sefyll ar y traeth yn chwifio eu dwylo'n frwdfrydig.

"Dowch o 'na! Dan ni'n mynd adra rŵan."

Roedd llais Luned yn fain ac yn fach. Doedden nhw ddim yn bell ond roedd ardal beryg iawn yn ein gwahanu . . .

"BE wnawn ni?"

"Wel, fe allwn ni nofio, siŵr iawn."

"Gwen allwn ni ddim. Pam ddywedaist ti ein bod ni'n gallu nofio? Yr hen het wirion! Allwn ni fod ar y garreg yma am byth – neu foddi yn y munud. A dwi'n oer a mae'n mynd i fwrw."

"Be sy?" gwaeddodd Emrys o'r traeth. "Oes gen ti gramp?"

"Oes," meddai Gwen a winciodd arnaf i.

Unwaith eto gwyliais freichiau melin wynt y ddau yn taranu tuag aton ni.

"Mi wna i dy dowio di," meddai Emrys yn ddyn i gyd.

"Well i Luned ofalu am Nans," dywedodd Gwen.

Ar y traeth, cydiodd Emrys yng nghoes Gwen.

"Beth wyt ti'n wneud?"

"Wel, lle mae'r cramp ta?"

"O ia, ym . . . ym . . . yn y goes arall," meddai Gwen yn cochi ychydig.

Diweddglo
Daeth Mam allan o'r tŷ. "Pam na ddaethoch chi i mewn i ddweud lle roeddech chi'n mynd Gwen?"

YMARFER

1 Ar ôl darllen y stori, 'Mynd i nofio,' a hefyd darnau 1 a 2, llenwch y colofnau sydd ar dud. 101.

Llunio cyfres o ddyddiaduron yn seiliedig ar nofel
Gwaith cwrs, tasg 1

RHAID

➤ Darllen y nofel yn ofalus

➤ Adnabod y cymeriadau a deall rhediad y stori'n dda

HSU

A Gwneud yn siŵr eich bod chi'n deall beth yw'r dasg

PWYSIG

Cofiwch fod dyddiadur yn bersonol iawn. Chi yw'r cymeriad sy'n ysgrifennu, felly defnyddiwch y person cyntaf.

Hefyd, er mwyn bodloni'r arholwr, **rhaid**:

- defnyddio'r ffeithiau sydd yn y nofel
- ail-greu'r un naws a'r un awyrgylch ag sydd yn y nofel
- dangos eich dychymyg.

B Dyddiadur Dilwyn, brawd Rhian

Dyma addasiad o'r nofel *Coup d'Etat* gan Siân Jones. Cyn i chi gychwyn ar y dasg, byddwch wedi darllen y nofel i gyd ac yn gallu tynnu ffeithiau o bob rhan ohoni.

Gyferbyn y mae addasiad o'r nofel wreiddiol ac awgrymiadau sut i greu dyddiaduron yn seiliedig arni.

"Maen Nhw'n amlwg yn benderfynol fod pawb yn symud o'r cwm 'ma," meddai Dilwyn. "Allith neb fyw heb ddŵr a thrydan. Wel, mae'n well i fi'i siapio hi."

"Iawn," meddai ei chwaer, Rhian. "Ond cymer ofal."

"Paid ti â phoeni. Alla i edrych ar ôl 'n hunan yn iawn yn y mynydde a'r coedwigoedd 'ma erbyn hyn."

Rhoddodd ei fraich am ysgwyddau ei chwaer a'u gwasgu'n sydyn cyn troi tua'r dwyrain a dechrau dringo'r llethr. O leiaf, roedd hi'n sych.

Beth am i chi, Dilwyn, ddechrau eich dyddiadur wedi cyrraedd yn ôl 'yn y mynydde'?

- Dewiswch ddiwrnod arbennig.
- Bydd eich meddyliau'n gwibio'n ôl at eich mam, eich tad a'ch chwaer.
- Fyddwch chi'n cofio am eich pen-blwydd?
- Cofiwch gofnodi yn eich dyddiadur sut rydych chi'n byw, cysgu a bwyta.

C Dyddiadur Dennis

Aeth Rhian i lawr at y tŷ ac yno yn ymyl y wal gefn roedd Dennis.

Cofiwch
Rhaid meddwl yn gyntaf, yna gwneud nodiadau, yna ysgrifennu.

- Dewiswch pryd a ble mae'r dyddiadur yn cael ei ysgrifennu: y noson honno, ymhen diwrnod neu ddau.
- Penderfynwch pwy yw Dennis, ble mae'n byw a gweithio.
- Bydd angen esbonio hyn yn eich dyddiadur.

"Does neb wedi bod 'na," meddai Dennis. "Ond y'ch chithe, 'run peth â ni, heb ddŵr, trydan na ffôn. Fe chwython nhw'r cwbl lot neithiwr, mae'n rhaid.

Liciet ti rywbeth o'r pentre? Dw i'n mynd lawr ar y beic yn y funud i ffonio'r gwaith. Alla i ddim mynd i mewn heddi. Fe fydd raid i fi symud Mam i lawr i'r Penrhyn. Allwn ni ddim aros 'ma fel hyn."

C

Cofiwch
Rhaid cadw at naws ac awyrgylch y nofel.

- Sylwch ar y dafodiaith, e.e. 'heddi', 'mas o'r cwm 'ma', 'mynydde'.

- Yn y nofel, anghofiodd Dennis am ben-blwydd Rhian! Bydd e'n siŵr o gofnodi hyn yn ei ddyddiadur.

Bydd angen i'r dyddiadur sôn am:
- ei farn am y bobl a wnaeth y difrod
- ei resymau dros symud ei fam o'r cwm.

"Fe ddo i 'da chi os ca i. Mae angen bara a llaeth arnon ni ac mi fyddai'n neis cael mynd mas o'r cwm 'ma. Dw i'n dechre teimlo'r mynydde 'ma'n cau amdana i weithie."

Trodd Rhian tua'r tŷ. Datglodd y drws cefn. Teimlai fod ei chalon rywle yn ei hesgidiau. Yma y bu hi a Dilwyn yn byw erioed. Ni wyddai am gartref arall. Un flynedd ar bymtheg! Nefoedd, beth oedd y dyddiad? Roedd hi bron yn ben blwydd arnynt – Mawrth yr ail. Gwasgodd y botwm bach ar ei wats: 2-3-10. Wel!

Ar gefn beic Dennis, roedd rhaid bod yn ofalus iawn oherwydd y trwch o fwd ar y ffordd. Ond wedi iddynt gyrraedd crib y rhiw, stopiodd Dennis i gael gweld y difrod odanynt. Safodd y ddau ac edrych i lawr y cwm. Roedd y llyn a'r argae bach wedi'u chwythu i ebargofiant. Yn eu lle, afon o fwd yn mynd lawr y ffordd.

"Edrych, mae'r polyn trydan yn ymyl Cwm Canol wedi'i dorri."

"A'r beipen ddŵr o Graig y Pistyll 'fyd."

CH Dyddiadur Rhian

Am eich bod chi wedi darllen y nofel i gyd, rydych chi'n gwybod am fam a thad Rhian a'r hyn sydd wedi digwydd iddyn nhw. Rydych chi hefyd wedi darllen am ffrindiau Rhian, y rhai y gall hi siarad â nhw ac eraill fel y wraig yn y siop sy'n barod i ddweud wrth yr awdurdodau am deulu Rhian. Wrth i chi gynllunio'r trydydd dyddiadur hwn, fe fyddwch chi am gadw'r awyrgylch sinistr yn eich ysgrifennu.

Dylech hefyd ysgrifennu'n naturiol, gan ddilyn y math o iaith sydd yn y nofel.

Cw.
Chwiliwch am enghreifftiau eraill o dafodiaith y cymeriadau.

• dim byd ffurfiol	*Alla i edrych ar ôl 'n hunan.*
	Fe ddo i 'da ti.
• defnyddio tafodiaith y cymeriadau	*'da ti = gyda ti; 'fyd = hefyd; mynydde*
• yr iaith dda sy'n rhan o'r dafodiaith	*chwythu i ebargofiant*

YMARFER

1 Cynlluniwch ddyddiadur Rhian gan gofio'r pwyntiau uchod.

2 Ysgrifennwch ddyddiadur un diwrnod un o'r cymeriadau hyn.

Dewis gwybodaeth o ddarn darllen
Arholiad allanol Adran A, cwestiwn 1

RHAID

➤ Mynd ati'n bwyllog a chymryd eich amser

➤ Darllen yn ofalus cyn meddwl ysgrifennu

➤ Ateb pob rhan o'r cwestiwn

HSU

A   Darllen cyn ysgrifennu

PWYSIG

I wneud yn dda yn yr arholiad hwn, rhaid i chi eistedd yno a darllen yn ofalus.

Dilynwch y camau hyn:

1 **Darllenwch y cwestiwn.** Yna fe fyddwch chi'n gwybod beth i chwilio amdano yn y darn darllen.

2 **Darllenwch y darnau darllen unwaith.** Nawr bydd rhyw syniad gennych am y cynnwys. Peidiwch â phoeni os nad ydych yn deall popeth ar hyn o bryd.

PWYSIG

Tanlinellwch y rhannau sy'n bwysig i ateb cwestiwn.

B   Darllen unwaith eto   **HS**

PWYSIG

Ar ôl darllen y darnau darllen, darllenwch y cwestiynau'n ofalus unwaith eto.

Rhowch gynnig ar y darn hwn a'r cwestiwn arholiad sy'n ei ddilyn:

Clwy'r Traed a'r Genau

'Mae clwy'r traed a'r genau ar fferm yn Lloegr', meddai'r newyddion.

Ar y pryd wnaeth pobl ddim cymryd llawer o sylw. Mewn ychydig, roedd llawer o achosion yn Nyfnaint (Devon), yn Cumbria ac ar Ynys Môn. Yn y diwedd, roedd 111 o achosion yng Nghymru. Roedd 78 ym Mhowys, 20 yn Sir Fynwy ac 13 ar Ynys Môn.

Enwch y 3 sir yng Nghymru lle roedd yr achosion o'r clwy' gan ddweud faint o achosion oedd ym mhob un. [3]

Mae'n demtasiwn enwi tair sir yng Nghymru ac yna symud ymlaen at y cwestiwn nesaf. Ewch yn ôl at y cwestiwn. Efallai eich bod chi wedi tanlinellu:

Enwch y <u>3 sir</u> yng Nghymru ond heb ddarllen ymlaen a thanlinellu: <u>faint o achosion</u> oedd ym mhob un.

Os na fyddwch chi'n ateb ail hanner y cwestiwn, un marc a hanner fydd gennych allan o 3 marc hawdd. Fe welwch chi felly pa mor hawdd yw ennill marciau os darllenwch bob gair yn ofalus.

Dyma'r ateb llawn: *Yn y tair sir, dyma faint o achosion oedd yno: Powys 78, Sir Fynwy 20 a Môn 13.*

Cofiwch
Peidiwch â cholli marciau trwy beidio â darllen yn ofalus.

c · Darllen unwaith eto

HSU

Rhowch gynnig ar hyn:

Disgrifiwch sut mae'r awdur yn teimlo a pham. [4]

Dweud Stori Medi'r 11eg

"Ond wedi dweud hynny, mae bywyd rhywun mewn peryg lot fawr o weithiau yn ystod ei fywyd. D'ych chi ddim yn *teimlo'n* arbennig o lwcus, ond mae'n gwneud i chi deimlo'n ddiolchgar nad oeddech chi ar y llawr ucha', neu ar un o'r awyrennau, neu gyda'r dynion tân, neu wrthi'n gadael yr adeilad."

PWYSIG

Darllenwch y cwestiwn yr eildro ochr yn ochr â'r paragraff perthnasol. Cofiwch danlinellu'r geiriau allweddol yn y cwestiwn.

Fe fyddwch chi wedi tanlinellu '<u>teimlo a pham</u>'.

Mae'r ymateb i 'sut mae'r awdur yn teimlo' yn hawdd.
   Mae'n teimlo'n ddiolchgar.

Ond, os digwydd i chi anwybyddu'r gair '<u>pam</u>' yn y cwestiwn, fe fyddwch yn colli'r 3 marc sy'n cael eu rhoi am nodi 3 rheswm. Dyma bedwar rheswm posibl:

1 *Doedd e ddim ar y llawr ucha*   3 *na gyda'r dynion tân*
2 *nac ar un o'r awyrennau*   4 *nac wrthi'n gadael yr adeilad.*

YMARFER

1 Atebwch y cwestiwn yn y blwch melyn. Dilynwch yr un drefn:

- Darllenwch y cwestiwn a thanlinellu'r geiriau allweddol
- Darllenwch y darn darllen
- Ailddarllenwch y cwestiwn yn ofalus
- Ysgrifennwch eich ateb.

Pa luniau sy'n aros yng nghof Stephen Evans wedi'r drychineb? [4]

"Un olygfa sy'n dal i anfon *frisson* bach trwydda' i, sef cofio'r bobol yn edrych lan. Weles i mo'r bobol yn neidio o'r tyrrau – dim ond mewn lluniau yn *Time* magazine." Ond os na welodd Stephen Evans y manylion hynny ar y pryd, fe welodd luniau fideo o bethau eraill y dewisodd beidio â'u hadrodd wrth wylwyr a gwrandawyr y BBC.

"Roedd bagiau dal cyrff yn edrych fel sachau bin," meddai. "Doedd dim siâp iddyn nhw, achos mai *body parts* oedden nhw a gweddillion llawer o bobol. Mae yna luniau felly sydd yn aros yn fy meddwl hefyd."

Golwg, 27 Medi 2001

RHAID

➤ Darllen yn ofalus

➤ Cynllunio drwy wneud nodiadau cyn dechrau ateb y cwestiwn

A   Dewis gwybodaeth er mwyn ysgrifennu ymson

Mae'r ddau ddarn darllen isod yn rhoi hanes milwyr yn y Rhyfel Byd Cyntaf. Darllenwch y ddau yn ofalus. **Tanlinellwch ffeithiau** y gallwch eu defnyddio i ysgrifennu **ymson milwr yn y Rhyfel Byd Cyntaf**. Ni ddylech chi ysgrifennu mwy na thudalen.

PWYSIG

Bydd y cwestiwn arholiad yn gofyn i chi ddefnyddio gwybodaeth o'r ddau ddarn yn eich ymson. Dylech ddefnyddio eich geiriau eich hun, ond rhaid defnyddio dyfyniad neu ddau i gefnogi eich sylwadau hefyd.

Mewn cwt mochyn mae'r milwyr hyn

Ar ôl disgwyl am ryw awr arall fe gododd un milwr gan ddweud 'i bod hi'n bryd i lenwi'r bwced eto. Fuodd o ddim mwy na chwarter awr – wedi dod o hyd i'r hen fuwch a chael godro'n hawdd. Wedi iddo gael llond 'i fol o lefrith, fe aeth at y twll yn y wal, a dyna lle buodd o am rai munudau'n llygadu'r ddwy hwch – ac fe wyddwn o'r gorau beth oedd yn mynd trwy ei feddwl o.
    'Os na chawn ni nhw mae rhywun arall bownd o'u cael nhw,' meddai o.

(Addasiad o'r nofel *Gwaed Gwirion* gan Emyr Jones)

Help llaw!
- Cofiwch mai chi yw'r milwr – ar ba ochr?
- Sut ydw i'n teimlo?
- Pam ydw i'n mynd at y tŷ?
- Beth ydw i'n mynd i'w fwyta?
- Ble ydw i'n mynd i gysgu?

Mae'r milwr hwn yn ffoi rhag yr Almaenwyr ar ôl cael ei ddal

Dewisais y tŷ cyntaf ac euthum at y drws. Curais arno droeon ond heb gael ateb. Yna daeth rhyw hen ŵr at y ffenestr gan edrych yn frawychus arnaf. O'r diwedd agorodd y ffenestr.
    '*Je suis soldat anglais,*' meddwn ac erfyn arno am fwyd.
    '*Non! Non! Les boches!*' meddai gan arwyddo bod y pentref yn llawn Almaenwyr a bod arno ormod o ofn. Cyn i mi fynd hanner canllath oddi yno, gwelwn ddau filwr arall yn cerdded tuag ataf, eu tuniau bwyd yn eu dwylo. Trois yn f'ôl a rhedeg tua'r pentref. Ar fin y pentref trois eto a rhedeg am filltir dros y caeau cyn chwilio am le i guddio am weddill y dydd.

(Addasiad o'r nofel *Pum Cynnig i Gymro* gan John Elwyn)

PWYSIG

Wrth lunio ymson ysgrifennwch yn y presennol. Gadewch i'ch meddyliau wibio o'r naill beth i'r llall. Dangoswch eich teimladau. Defnyddiwch ddyfyniad neu ddau o'r nofel.

B Dewis gwybodaeth er mwyn ysgrifennu llythyr

Dyma'r camau. Rhaid:

- Darllen y ddau ddarn darllen yn ofalus
- Tanlinellu ffeithiau y gallwch eu defnyddio yn eich llythyr ffurfiol
- Defnyddio gwybodaeth o'r ddau ddarn yn eich llythyr
- Cynnwys ambell ddyfyniad i gefnogi eich sylwadau.

Wedi cael eich cynhyrfu gan y tor cyfraith sy'n digwydd yn y ddau ddarn darllen hyn, ysgrifennwch lythyr ffurfiol at y Prif Gwnstabl: yn rhoi'r manylion; yn datgan eich pryder; yn gofyn am ymateb.

Cofiwch
Defnyddiwch iaith ffurfiol a dull ffurfiol o ysgrifennu llythyr.

Roedd hi'n noson dywyll, aflonydd, noson o hydref. Roeddwn i wrthi'n teipio sgript ar gyfer rhyw raglen neu'i gilydd pan glywais y cnocio tawel ar y ffenest. Meddyliais i ddechrau mai sŵn y gwynt oedd wedi taro ar fy nghlust. Ond pan glywais i'r cnocio wedyn, codais, cydio yn y dryll oddi ar y silff lyfrau wrth f'ymyl, a cherdded yn araf i gyfeiriad y ffenest. Roeddwn i wedi clywed digon am y fath driciau. Yn ôl yr hanes, fe fyddai un o'r cnafon sy'n prowla o gwmpas Y Ddinas yn codi stŵr, yn tynnu sylw trigolion tŷ neu fflat, tra oedd un arall yn sleifio i mewn trwy ddrws neu ffenest. Y diwedd oedd, fel arfer, fod y Lluoedd Amddiffyn yn darganfod corff marw ar y llawr y bore wedyn a'r lle heb fwyd na dillad yno. Dyna'r math o fyd rydyn ni'n byw ynddo fe. Ac mae gorchmynion y Lluoedd Amddiffyn yn ddigon eglur. Gwnewch yn siŵr fod pob drws ynghlo. Peidiwch ag agor drws i neb yn ystod oriau tywyllwch.

(Addasiad o'r nofel *Cafflogion* gan R. Gerallt Jones)

Cofiwch
Rhaid cynllunio cyn dechrau ysgrifennu.

Perygl ar y Stryd

Yng Nghonwy mae'r heddlu'n ymchwilio ymosodiad ar fab Aelod o'r Cynulliad. Roedd mab AC Gorllewin Clwyd, Alun Pugh, yn cerdded yng Nghyffordd Llandudno pan ymosododd criw o lanciau a merched oddeutu 17 oed arno.

Cafodd Rhys Pugh, 18 oed, ei ddyrnu a'i gicio nes ei fod yn anymwybodol gan ryw 12 o bobl ifanc. Roedd yn rhaid i Rhys Pugh dderbyn triniaeth mewn ysbyty wedi'r ymosodiad y penwythnos diwethaf.

Mewn digwyddiad treisiol arall yn Sir Conwy cafodd gŵr 79 oed ei daflu i'r palmant gan ddau ddyn oedd yn ceisio dwyn ei waled.

(Rhan o adroddiad yn *Y Cymro*, 23 Mehefin 2003)

YMARFER

1 Darllenwch y darnau uchod eto. Yna ysgrifennwch naill ai ymson neu lythyr.

Cofiwch gynllunio'ch gwaith yn gyntaf gan gadw gofynion y ffurf yn glir yn eich meddwl.

RHAID

➤ Darllen yn ofalus
➤ Chwilio am yr hyn sy'n debyg neu'n wahanol yn y ddau ddarn
➤ Gwneud nodiadau cyn ateb y cwestiwn
➤ Edrych faint o farciau sydd i bob rhan o'r cwestiwn.

HSU

A   Darllen yn ofalus a gwneud nodiadau

Gan amlaf bydd tri darn darllen ar y papur arholiad. Gwnewch yn siŵr eich bod yn darllen y darnau cywir i ateb y cwestiwn. Yma mae dau ddarn darllen.

HS Nodwch yn fyr bethau sy'n debyg neu'n wahanol yn y ddau ddarn. [9]

HU Cymharwch dri pheth o ddarn 1 â thri pheth o ddarn 2. [9]

Cw.
Chwiliwch am
ddwy
gymhariaeth
arall yn y gerdd.

Cofiwch
Gair arall am
gymhariaeth yw
cyffelybiaeth.

Ffrwydriad!
Pelen o dân!
Awyren yn roced farwolaeth
Yn rhoi naid fel cath yn dal
Llygoden.
Mwg yn fadarch dros y tŵr
Cyn iddo suddo fel Teitanig
I mewn i'r ddaear.
Golygfa erchyll –
Sefyllfa anghredadwy,
A phobl drist mewn syndod,
Cyn iddynt hwythau fel morgrug wasgaru
O flaen y don o eira
Oedd yn gwasgu rhwng y strydoedd.
Canol dinas yn llosgfynydd
A'i thrigolion fel ysbrydion
Gwyn.

*(Cerdd gan blant Ysgol Gymunedol Ffynnonbedr,
Llanbedr Pont Steffan)*

**Cofiwch wneud
nodiadau trefnus**

– hyd y llinellau: rhai yn fyr,
  un gair, a rhai yn hirach
– pobl yn synnu: 'Ffrwydriad!'
  'Pelen o dân'
– yn digwydd NAWR, yn y
  presennol, o flaen ein
  llygaid
– cymariaethau:
  'naid fel cath yn dal
  llygoden', 'yn suddo fel
  Teitanig'

Gadewch i ni wneud nodiadau:
yma hefyd.

Beth sy'n debyg?
– Medi'r 11eg, 2001
– sôn am yr un digwyddiad, sef
  awyren yn taro'r tŵr
– pobl *yn* gweld neu *wedi* gweld
– 'sefyllfa anghredadwy' (y gerdd)
– 'fel *special effects*' (*Golwg*)

Dweud y Stori
Roedd newyddiadurwr Cymraeg o Benybont ar Ogwr yn eistedd yn nerbynfa Canolfan Fasnach y Byd yn Efrog Newydd pan hedfanodd yr awyren gynta' i mewn i ochr y tŵr ar fore Mawrth, Medi 11.
    Roedd Stephen Evans, Gohebydd Busnes Gogledd America y BBC, yn ymweld â'r Ganolfan am y tro cynta' erioed. Ond er ei fod e yno, ac er ei fod ymhlith y newyddiadurwyr cynta' i adrodd y stori ledled y byd, dyw e ddim yn gallu honni

A

Cofiwch

Yn yr Haen Sylfaenol mae marciau am gymharu ac ysgrifennu'n drefnus.

Cofiwch

Yn yr Haen Uwch peidiwch ag ymdrin â'r ddau ddarn ar wahân. Cofiwch nodi beth sy'n wahanol yn y darnau.

Beth sy'n wahanol?

- adroddiad newyddiadurwr yn *Golwg*

- barddoniaeth – cerdd plant ysgol

- geiriau Stephen Evans. Roedd e yno.

- ymateb ail law plant ysgol

- sôn am y bagiau dal cyrff yma

- dim sôn am gyrff yn y gerdd

Beth am yr iaith a'r arddull?

- *Golwg* yn cyflwyno yn realistig

- Cerdd yn cyflwyno'n farddonol

- Cerdd: neb yn siarad felly dim " "

- Cerdd: cymariaethau/trosiadau, fel morgrug, yn roced farwolaeth, mwg yn fadarch

- *Golwg* yn fwy ffurfiol, mewn arddull newyddiadurol, wedi'i ysgrifennu yn yr amser gorffennol

iddo weld yr un o'r awyrennau'n taro. Wrth i'r tŵr cynta' ddymchwel, gan ladd cannoedd o ddynion tân, roedd Stephen Evans ar y stryd, newydd daro bargen â gŵr camera lleol, ac wrthi'n adrodd yr hanes ar deledu America.

"Roedd yna lawer o adrenalin, ond roedd yn rhaid gweithio fel newyddiadurwr," meddai. "Dyw e ddim yn ymddangos yn real i mi ar hyn o bryd. Dw i'n gweld y lluniau o'r awyrennau'n taro'r adeiladau, ac mae'n ymddangos fel *special effects* o ryw ffilm.

"Pe bai'r ffôns o gwmpas wedi bod yn gweithio, fe fyddwn i wedi aros o gwmpas y tyrrau, a mwy na thebyg wedi bod yno gyda'r dynion tân. Neu, pe bai'r dyn camera sy'n gweithio gyda fi fel arfer ddim ar ei wyliau yr wythnos honno, fe fydden ni yno, ar Ground Zero. Ond fel oedd pethau, fe symudes i ffwrdd er mwyn dod o hyd i ffôn oedd yn gweithio.

"Ond wedi dweud hynny, mae bywyd rhywun mewn peryg lot fawr o weithiau yn ystod ei fywyd. D'ych chi ddim yn teimlo'n arbennig o lwcus, ond mae'n gwneud i chi deimlo'n ddiolchgar nad oeddech chi ar y llawr ucha', neu ar un o'r awyrennau, neu gyda'r dynion tân, neu wrthi'n gadael yr adeilad.

"Un olygfa sy'n dal i anfon *frisson* bach trwydda' i, sef cofio'r bobol yn edrych lan. Weles i mo'r bobol yn neidio o'r tyrrau – dim ond mewn lluniau yn *Time* magazine."

Ond os na welodd Stephen Evans y manylion hynny ar y pryd, fe welodd luniau fideo o bethau eraill y dewisodd beidio â'u hadrodd wrth wylwyr a gwrandawyr y BBC. "Roedd bagiau dal cyrff yn edrych fel sachau bin," meddai. "Doedd dim siâp iddyn nhw, achos mai *body parts* oedden nhw a gweddillion llawer o bobol. Mae yna luniau felly sydd yn aros yn fy meddwl hefyd."

(*Golwg*, 27 Medi 2001)

YMARFER

1 Gan ddefnyddio'r nodiadau uchod, atebwch y cwestiynau hyn:

HSU Cymharwch **dri** pheth o ddarn 1 â **thri** pheth o ddarn 2. [9]

HU Cymharwch iaith ac arddull a disgrifiadau yn y ddau ddarn. (Soniwch am **dair** nodwedd o ddarn 1 a **thair** nodwedd o ddarn 2.)
- Dylech drafod effeithiolrwydd yr iaith, yr arddull a'r disgrifiadau. [15]
- Dylech gynnwys **dyfyniadau** o'r ddau ddarn i gefnogi eich sylwadau. [4]

RHAID

➤ Edrych ar lythyrau o wahanol fathau: rhai ffurfiol ac anffurfiol

➤ Dewis testun rydych chi'n gwybod amdano

➤ Sicrhau bod yr iaith mor gywir â phosibl

HSU

A Llythyrau sy'n ymateb i bwnc llosg

Mae'r llythyr cyntaf wedi'i ysgrifennu mewn ffordd gwbl naturiol ac anffurfiol.

Cw.

Pa enghreifftiau sydd yma o ysgrifennu anffurfiol? Edrychwch yn arbennig ar y berfau.

Cyflwyno'r testun a mynegi barn yn y frawddeg gyntaf

Yna rhoi'r dystiolaeth pam mae'r teimladau mor gryf

Hyd y gosb yn arwain at gwestiwn rhethregol

Annwyl Olygydd,

Mae'r cloddio am foch daear yn achosi pryder mawr i mi. Alla i yn fy myw weld pa bleser sydd o gloddio am anifeiliaid mor hardd ac ymosod arnyn nhw gyda phastynnau neu rawiau. Wedyn, maen nhw'n gosod daeargwn i ymladd â nhw. Ar y mwyaf carchar am ychydig wythnosau gân nhw. Beth yw hynny o ystyried y boen maen nhw wedi ei hachosi?

Y Cymro

Dyma lythyr mwy ffurfiol.

Cw.

Pa enghreifftiau sydd yma o ysgrifennu ffurfiol, mwy safonol? Edrychwch eto ar y berfau.

Annwyl Olygydd

Y mae'n syndod i mi fod siaradwyr Cymraeg sydd yn ein cynrychioli yn y Cynulliad yn aml iawn yn siarad Saesneg wrth ofyn cwestiwn i'n Prif Weinidog.

Y mae ein Prif Weinidog, diolch byth, yn deall yr iaith yn iawn ac mae cyfieithwyr yno ar gyfer y rhai nad ydynt yn deall yr iaith neu sydd yn ddysgwyr.

Nid oes angen i mi enwi y Cymry hynny sydd yn defnyddio'r 'iaith fain' yn aml. Gwelais sawl aelod o Blaid Cymru yn gwneud hyn. Oes angen iddynt ddefnyddio'r Saesneg?

Y Cymro, 2 Mehefin 2003

Cyflwyno'r testun yn y paragraff cyntaf

Datblygu'r pwynt yn yr ail baragraff

Beirniadaeth bellach yn y trydydd paragraff

Cwestiwn rhethregol

B Llythyrau yn y gwaith cwrs

PWYSIG

Os byddwch yn dewis ffurf y llythyr ar gyfer eich gwaith cwrs, prin mai dim ond un llythyr y byddwch yn ei ysgrifennu.

B

Cofiwch

Mae llythyr yn cynnwys:
- cyfeiriad
- cyfarchiad
- 'Annwyl'
- cloi, e.e. 'yn gywir'.

Cofiwch

Mae angen creu sawl paragraff a dewis naill ai iaith naturiol neu iaith ffurfiol.

HS Meddyliwch am y cwestiwn hwn:

Ysgrifennwch bytiau o lythyron yn cwyno am amrywiaeth o bynciau ar gyfer papur bro / rhaglen deledu / cylchgrawn ar gyfer pobl ifanc.

Dyma rai pynciau posibl:

☞ **Camdrin anifeiliaid**

☞ **Prinder cyfleusterau yn y ganolfan chwaraeon leol**

☞ **Problem alcohol yn y disco ac wedyn**

☞ **Pobl sy'n cwyno am beth rydych chi'n ei fwyta a'i wisgo a mwynhau ei wneud**

HU Meddyliwch am y cwestiwn hwn:

Ysgrifennwch ddau lythyr ar bwnc llosg – yr ail yn anghytuno â'r cyntaf.

Yr hyn sy'n bwysig ar gyfer yr HS yw:	Yr hyn sy'n bwysig ar gyfer yr HU yw:
• trafod y testun gyda pheth manylder • mynegi barn yn gyson • cyflwyno tystiolaeth • ystyried safbwyntiau eraill • adnoddau iaith pur dda	• trafod y testun yn ymestynnol • mynegi barn yn hyderus a phwrpasol • cyflwyno tystiolaeth briodol • pwyso a mesur safbwyntiau eraill • dangos gallu i ehangu a datblygu pwyntiau • adnoddau iaith cyfoethog

YMARFER

1 Meddyliwch am newid y flwyddyn ysgol fel y bydd chwe thymor yn lle'r tri sydd ar hyn o bryd.

Darllenwch y ddau gynllun isod ac yna ysgrifennwch 3 llythyr o safbwyntiau gwahanol. Er enghraifft:

     i) safbwynt pennaeth yr ysgol uwchradd
     ii) safbwynt rhiant
     iii) eich safbwynt chi eich hun fel disgybl ysgol.

Chwe thymor	Cadw'r tri thymor
Dw i'n cytuno â chael chwe thymor. Bydd canlyniadau arholiad yn gwella. Mae disgyblion yn blino'n hawdd. Bydd athrawon yn hapusach gyda chwe thymor. Mae gwyliau haf yn rhy hir, a'r disgyblion yn diflasu heb ddim i'w wneud. Gwell cael gwyliau byr cyson.	Dw i yn erbyn chwe thymor. Mae tri thymor yn well. Mae canlyniadau arholiadau wedi gwella dan y system bresennol. Mae disgyblion yn blino p'run bynnag. Mae athrawon yn hoffi gwyliau hirach. Os ydy disgyblion yn blino, mae gwyliau hir yn gyfle i fwrw'r blinder. Beth am Eisteddfodau'r Urdd, y Ffermwyr Ifanc, y Genedlaethol a'r Ŵyl Cerdd Dant?

RHAID

➤ Sicrhau bod gennych chi ddigon o wybodaeth am y testun cyn dechrau ysgrifennu

➤ Defnyddio technegau araith wrth ysgrifennu

HSU

A Technegau araith

Cofiwch eich bod yn siarad â chynulleidfa. Felly wrth agor, **cyfarchwch y gynulleidfa** gyda'r geiriau:

> Gyfeillion, . . .   Ffrindiau, . . .   Chi sydd yma heddiw . . .

a gwnewch hyn fwy nag unwaith yn yr araith.

Dyma enghraifft o araith lle mae cynghorydd yn ceisio dwyn perswâd ar ei gynulleidfa i dderbyn cynnig i godi melinau gwynt yn yr ardal.

Cofiwch

Mae ailadrodd geiriau neu syniadau allweddol yn un o dechnegau areithio.

Cyfarch y gynulleidfa	Gyfeillion! Diolch i chi am ddod yma heno. Yn wir mae'n fraint cael y cyfle 'ma i gyflwyno cynllun mor gyffrous i chi, cynllun dw i'n siŵr y gwnewch chi ei gefnogi. Ein fferm wynt ni fydd hon.
Tynnu'r gynulleidfa i mewn drwy ddefnyddio NI a CHI	Gallai fod wedi dilyn hyn gydag ymadroddion fel: Rwy'n gwybod **eich** bod **chi**'n cytuno . . . Credwch **chi** fi . . . Mae'n werth i **chi** gofio . . . Cofiwch **chi** . . . Mae'n parhau yn y dull personol agos-atoch-chi:
Sylwch ar y defnydd o eiriau tafodieithol megis 'meline', 'fan co'. Mae'r rhain yn awgrymu agosatrwydd ac yn help i'r cynghorydd dynnu'r gynulleidfa tuag ato	Mae'n werth cofio nad rhywbeth newydd yw'r **meline** gwynt 'ma. Dim ond i **chi** edrych ar hen **lunie** o'r pentre 'ma ac **fe welwch chi** fod ambell i felin wynt fan hyn a **fan co** yn y pentre. Ond **cofiwch, bobol** Bryn Cethin, nid **fel 'ny** y bydd **pethe** yn y dyfodol. O nage, bydd y cwbwl yn daclus mewn un man.

Er mwyn dangos eich barn yn glir, defnyddiwch ymadroddion megis:

> Yn fy marn i . . .   Mae'n amlwg . . .   Heb amheuaeth . . .   Heb os nac oni bai . . .
> Yn ddi-ddadl . . .   Yn sicr . . .   Yn wir . . .

■ 81

B Rhaid mynegi barn

Mae'r cynghorydd yn mynd yn ei flaen i gyflwyno ei ddadl dros godi fferm wynt.

Cw.
Chwiliwch am enghraifft o dechneg ailadrodd.

Cw.
Chwiliwch am gwestiwn rhethregol. Ydy'n effeithiol?

Yr angen am drydan

Rhag-weld y ddadl bod melinau gwynt yn cadw sŵn mawr ac yna chwalu'r ddadl honno

Gorffennwch yn gryf. Apeliwch am gefnogaeth i'ch dadl. Sylwch sut mae'r cynghorydd yn dal i dynnu'r gynulleidfa i gytuno ag ef.

Dyn ni bellach, hyd yn oed ym mhentref bach gwledig Bryn Cethin, yn hollol ddibynnol ar drydan. Bobol bach! Meddyliwch mor anodd fydde byw heb drydan. Neb yn gallu gwylio *Pobol y Cwm*, dim cyfrifiadur i chi bobol ifanc allu chware gême, dim trydan i chi wragedd wneud bwyd a dim gole. Bydde hi fel mynd nôl i fyw yn Oes y Cerrig.

Clywes i sôn hefyd bod rhai'n poeni am sŵn y meline. Dw i'n rhoi ngair mai dim ond meline hen ffasiwn sy'n creu sŵn uchel.

Pa ffermwr fydde'n ddigon dwl i godi meline gwynt swnllyd yn ymyl ei gartre? Na, ma'r ffermwyr hyn yn mwynhau gormod ar eu cwsg.

Cefnogwch y cynllun felly **gyfeillion.** Gadewch i **ni** bentrefwyr Bryn Cethin ddangos y ffordd i eraill. Rhaid ymladd yn erbyn glaw asid, rhaid ymladd yn erbyn effeithiau tŷ gwydr. Gadewch i **ni** wneud ein rhan drwy greu trydan glân, drwy godi meline gwynt.

Diolch yn fawr i chi am wrando.

PWYSIG

Wrth gynllunio eich araith eich hun, cofiwch gyfeirio at y rhai sy'n anghytuno â'ch dadl a chynigiwch ateb iddynt.

YMARFER

1 Ysgrifennwch araith sy'n gwrthwynebu codi melinau gwynt. Cofiwch ddefnyddio'r un technegau â'r cynghorydd i berswadio eich cynulleidfa.

2 Ysgrifennwch araith ar bwnc sydd o ddiddordeb i chi. Cofiwch y bydd angen gwybod digon am y testun cyn dechrau a bod yn rhaid i chi ddefnyddio technegau areithio er mwyn cyflwyno'ch dadl yn effeithiol.

Llunio dadl ar ffurf deialog
Gwaith cwrs (cwestiwn 2) a'r arholiad allanol (Adran B)

RHAID

➤ Cynllunio'n ofalus a chael digon o syniadau cyn dechrau

➤ Penderfynu pwy sy'n siarad a ble maen nhw

➤ Defnyddio iaith lafar wrth ysgrifennu'r ddeialog

HSU

A Dewis testun

Haen Sylfaenol

Mae tri chymeriad yn y ddeialog hon, dau ar y dechrau ac yna un person arall yn cyrraedd cyn y diwedd er mwyn rhoi safbwynt arall. Testun y trafod yw **pêl-droed**.

Mae **Dad** o flaen y teledu ar brynhawn Sul yn gwylio ei hoff dîm. Ar y sianel arall, mae hoff dîm y **mab** yn chwarae!! Yn eich gwaith eich hunan, chi fydd yn penderfynu pwy yw'r timau a beth yw enwau'r cymeriadau. Ond dyma enghraifft:

Gareth   Dad, pa gêm ydy hon? Dwi ishe edrych ar gêm Lerpwl?

Dad   Lerpwl! Ar Sky Sports mae hwnnw. Dw i ishe gweld Newcastle. A fi sy wedi talu, reit!

B Cynllunio'r cynnwys

Wedi dewis y cymeriadau a'r timau pêl-droed, fe allwch chi fynd ati i ddadlau:

* pa dîm yw'r gorau a pham
* am chwaraewyr y ddau dîm, gan enwi'r goreuon a gwneud sbort am ben chwaraewyr gwan
* am y gemau rhwng y ddau dîm a'r goliau da
* am y gemau lle mae'r timau wedi llwyddo.

Nawr mae'n bryd i'r **trydydd cymeriad** ymddangos.

Beth am gyflwyno merch? Bydd ganddi hi agwedd wahanol.

(Mae Siân yn cerdded i mewn i'r ystafell wedi clywed y lleisiau uchel yn dadlau.)

Siân   O'r arswyd! Dych chi'ch dau wrthi unwaith ETO! Yr un hen ddadl.

Cofiwch
Rhaid cefnogi barn gyda rheswm.

C Ehangu'r ddadl gam wrth gam

PWYSIG

I ennill marciau, bydd yn rhaid i chi ddangos eich gwybodaeth o'r pwnc.

| cyflwyno dadl newydd | → | Siân   Beth am *bêl-droed merched* 'te? |
| | | Gareth   Pêl-droed merched! Ti sy'n siarad dwli nawr. |

B Dewis gwybodaeth er mwyn ysgrifennu llythyr

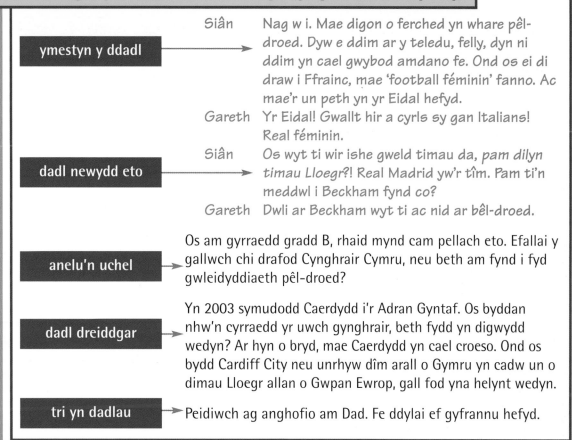

ymestyn y ddadl

Siân   Nag w i. Mae digon o ferched yn whare pêl-droed. Dyw e ddim ar y teledu, felly, dyn ni ddim yn cael gwybod amdano fe. Ond os ei di draw i Ffrainc, mae 'football féminin' fanno. Ac mae'r un peth yn yr Eidal hefyd.

Gareth   Yr Eidal! Gwallt hir a cyrls sy gan Italians! Real féminin.

dadl newydd eto

Siân   Os wyt ti wir ishe gweld timau da, *pam dilyn timau Lloegr?!* Real Madrid yw'r tîm. Pam ti'n meddwl i Beckham fynd co?

Gareth   Dwli ar Beckham wyt ti ac nid ar bêl-droed.

anelu'n uchel

Os am gyrraedd gradd B, rhaid mynd cam pellach eto. Efallai y gallwch chi drafod Cynghrair Cymru, neu beth am fynd i fyd gwleidyddiaeth pêl-droed?

dadl dreiddgar

Yn 2003 symudodd Caerdydd i'r Adran Gyntaf. Os byddan nhw'n cyrraedd yr uwch gynghrair, beth fydd yn digwydd wedyn? Ar hyn o bryd, mae Caerdydd yn cael croeso. Ond os bydd Cardiff City neu unrhyw dîm arall o Gymru yn cadw un o dimau Lloegr allan o Gwpan Ewrop, gall fod yna helynt wedyn.

tri yn dadlau

Peidiwch ag anghofio am Dad. Fe ddylai ef gyfrannu hefyd.

C Rhoi sylw i'r atalnodi a'r dafodiaith

Mae'r brawddegau'n tueddu i fod yn fyrrach mewn deialog. Felly, bydd mwy o lythrennau bras a mwy o atalnodau llawn. Sylwch ar sgwrs Siân:

3 brawddeg

O'r arswyd! Dych chi'ch dau wrthi unwaith ETO! Yr un hen ddadl.

Ebychnod !	Ebychnod !	Atalnod llawn.

Penderfynwch ar eich tafodiaith a chadwch ati.

- ar y teledu ta beth / ar y teledu p'run bynnag
- licwn i wybod / licwn i wbod / hoffwn i / baswn i'n hoffi/ sen i'n lico gwbod
- siarad dwli nawr / siarad sothach rwan / wylia drwy dy het
- yn whare / yn chwarae / yn chware

Cofiwch
Ar ddechrau brawddeg mae llythyren fras bob tro.

PWYSIG Rhaid cynllunio cyn dechrau ysgrifennu go iawn.

YMARFER

1 <u>Haen Sylfaenol</u> Lluniwch ddadl ysgrifenedig rhwng dau sy'n hoffi cerddoriaeth bop.

2 <u>Haen Uwch</u> Lluniwch ddadl ar ffurf deialog rhwng dau neu dri ar y testun: Rhyfel. Dylai dau anghytuno â'i gilydd. Gall y trydydd gynnig ei farn ei hun neu geisio pwyso a mesur dadleuon y ddau arall.

Llunio ymson a dyddiadur
Gwaith cwrs (tasg 3) a'r arholiad allanol (Adran B)

RHAID

➤ Cofio mai chi sy'n 'siarad' trwy'r dasg

A Gwybod beth sydd ei angen

Mae ymson a dyddiadur yn debyg i'w gilydd mewn sawl ffordd.

- Rydych chi'n ysgrifennu beth sy'n mynd trwy eich meddwl
- Rydych chi'n defnyddio iaith lafar ac nid iaith ffurfiol
- Eich syniadau a'ch teimladau chi ydyn nhw
- Chi sy'n dewis lle rydych chi a phryd mae'r ysgrifennu'n digwydd.

Mae llawer o nodweddion dyddiadur yr un fath â'r ymson isod.

B Sut i ysgrifennu ymson a dyddiadur

Dyma ymson a ysgrifennwyd mewn arholiad.

Defnyddio'r person cyntaf

Sylwch ar y defnydd o'r person cyntaf: 'Dwi', 'Mi fydda i' er enghraifft. Chwiliwch am enghreifftiau eraill o'r person cyntaf.

Dwi'n eistedd yma fel pysgodyn mewn tin sardins. O, pam na wneith yr hogia ma ddim stopio smocio! Neu fynd i rywle arall.

Mae mwg dros bob man. O, be wna i? Does na ddim sedd arall yn wag. O na! Maen nhw'n tanio un arall. Sigar sydd gan y llall! Mi fydda i'n chwydu fel ci cyn bo hir. Bydda i'n dal canser. Dw i'n rhy ifanc o lawer i farw. Bydd y ci yn fy ngholli i a Meri Jên y gath hefyd.

Os dyweda i wrthyn nhw mi ga i fy ngholbio. Maen nhw fel dau danc.

Brawddegau byrion

Fe welwch chi fod y brawddegau'n tueddu i fod yn fyrrach nag y maen nhw mewn portread neu stori:

- O, be wna i?
- Sigar sydd gan y llall!
- Neu fynd i rywle arall.

Fel hyn rydyn ni'n siarad. Felly, ysgrifennwch chi fel hyn mewn dyddiadur ac ymson.

Iaith lafar

Defnyddiwch ymadroddion fel 'mi ga i fy ngholbio'.
Cofiwch hefyd am eich tafodiaith eich hunan drwy arfer geirfa fel **rŵan, taid, llefrith** neu **nawr, tadcu a llaeth/llath**. Dewiswch yr hyn sy'n naturiol i chi.

B Atalnodi

Cofiwch
syndod !!!
cwestiwn ????
sgwrs ""
llinell newydd

Mae **atalnodi** hefyd yn bwysig ac yn gallu bod bron yn fwy anodd mewn ymson a dyddiadur nag wrth ysgrifennu'n ffurfiol.
Mae ebychnod - !!! - yn bwysig. 'Sigar sydd gan y llall!'
Cofiwch am y gofynnod ???? 'O, be wna i?'
Pan mae rhywun arall yn siarad, rhaid defnyddio dyfynodau ". . . . . " a llinell newydd.

PWYSIG

Edrychwch dros eich gwaith. Arhoswch nawr ac yn y man a chywirwch yr atalnodi.

C Edrych ymlaen ac edrych yn ôl

Mae'r meddwl yn tueddu i wibio o'r naill beth i'r llall. Felly, mae edrych ymlaen ac yn ôl yn hollol naturiol mewn ymson neu ddyddiadur:

Bydda i'n dal canser. Bydd y ci yn fy ngholli i.

Rhan o ddyddiadur Marian sydd isod. Mae'n gofnod o Marian yn dweud celwydd wrth ei mam. Digwyddodd hyn ar ôl yr ysgol. Sylwch, wrth iddi ysgrifennu, ei bod hi'n symud yn ôl i'r gorffennol, yna i'r presennol ac yn ôl wedyn i'r gorffennol.

person cyntaf / **brawddegau byr** / **edrych yn ôl i'r gorffennol** / **sgwrs ". . ."**

Fe es i gael te gyda Sara. Dyna ddywedes i wrth mam. Roedd hi wir yn falch clywed mod i wedi bwyta platiaid llawn o fwyd. Mae'r peth yn wych! Doedd hi'n amau dim byd. Yn rheolaidd bob dydd, yr eiliad dw i'n cerdded i mewn drwy'r drws, mae'n gofyn i mi, "Beth gest ti i ginio?" Neu . . . "Beth gest ti i de?"

CH Paragraffau mewn ymson ac mewn dyddiadur

Cofiwch
Rhaid gwneud cynllun. Hyn sy'n ennill marciau.

Yn eich gwaith cwrs TGAU ac yn yr arholiad, bydd eich athrawon a'r safonwyr allanol yn chwilio am drefn:

A* – *yn dreiddgar a* **threfnus**
A – *yn fanwl a* **threfnus**
B – *yn fywiog a* **threfnus**
C – *gyda pheth manylder a* **threfn.**

YMARFER

1 Edrychwch ar ymson neu ddyddiadur a ysgrifennoch chi yn yr ysgol eisoes. Ystyriwch y pwyntiau canlynol:

- Ydy eich llais chi'n glir drwy'r gwaith?
- Wnaethoch chi gynllun cyn dechrau? Allai'r paragraffu fod yn fwy trefnus?
- Allai'r atalnodi fod yn fwy gofalus?

Dewiswch un paragraff neu un cofnod. Ailysgrifennwch hwn er mwyn gwella arno.

Llunio portread
Gwaith cwrs (tasg 3) a'r arholiad allanol (Adran B)

RHAID

➤ Cofio mai ysgrifennu am berson yr ydych chi

➤ Cofio mai rhoi darlun o berson y mae portread.
Defnyddiwch eich beiro fel brwsh paent neu fel camera.

A   Sylwi ar yr allanol

Mewn arholiad, dyna sut y dechreuodd un ferch ei phortread o'i mamgu:

gwallt

Er bod ei gwallt yn wyn fel pob mamgu arall a'i llygaid ← **llygaid**
cyn lased â chlychau'r gog, i mi mae'n unigryw. Yn llai na
phum troedfedd ac yn grwn fel balŵn, bob dydd mae ei ← **corff**
ffedog fach binc yn dynn am ei chorff wrth iddi goginio

gwisg

a glanhau. Does dim un fodfedd o golur ar ei chroen ← **croen**
llyfn, di-nam, dim ond colur yr haul a'r awyr iach.

Mewn arholiad arall, gofynnwyd am 'bortread o Gymro go iawn'. Penderfynodd un bachgen ysgrifennu am ei dad. Dyma fel y dechreuodd ef ar ei dasg:

Agoriad da. Caiff y tad ei ddisgrifio trwy ei gyferbynnu â phobl eraill.

Mae rhai pobl yn meddwl bod pob Cymro yn ffermwr, yn
gwisgo cap fflat a hen ddillad a'i fola mawr a'i farf yn
amlwg. Pan feddyliaf i am Gymro, gwelaf ddyn mewn
crys rygbi, dyn mawr cyhyrog â gwallt du sy'n gweithio'n
galed yn y pwll.
    Ond nid yw fy nhad yn edrych fel un o'r dynion hyn. — **corff**
Mae'n fyr, mae ganddo wallt brown â golwg arno fel
Almaenwr, yn ôl rhai pobl. — **gwallt**

B   Sylwi ar nodweddion arbennig, hynod efallai

Unwaith eto mae'r bachgen yn disgrifio ei dad trwy nodi nodweddion nad ydynt ganddo. Sylwch ar y cysylltiad â'i baragraff agoriadol:

Nid oes acen gryf gan fy nhad na llais dwfn. Nid yw'n gweithio mewn pwll glo nac ar fferm. Nid yw'n byw mewn pentref bach del lle mae pawb yn neis neis ac yn siarad Cymraeg. Er hyn oll, mae e'n Gymro go iawn.

Sylwch ar:

- y defnydd effeithiol o '**nid oes**' a '**nid yw**'
- yr ansoddeiriau '**cryf**' a '**dwfn**' a hefyd '**nid yw'n gweithio . . .**' i bwysleisio nad yw ei dad yn dilyn darlun confensiynol o Gymro
- brawddeg olaf y paragraff hwn sy'n clymu'r portread â gofynion y dasg sef 'Portread o Gymro go iawn.'

C Syniadau a theimladau'r person

Mae brawddeg gyntaf y paragraff nesaf yn cychwyn gyda'r geiriau hyn.

Mae gan fy nhad syniadau cryf a theimladau cryfach byth am Gymru.

Nid felly mae'r portread o'r famgu yn datblygu.

Mae 'mam', fel rwy'n ei galw, yn gwybod hanes pawb yn y pentref er nad yw hi braidd yn gadael y tŷ heblaw am ddydd Sul i fynd i'r capel wrth gwrs. . . . Ym marn 'mam', nid oes hawl gan unrhyw un gael plentyn tu allan i briodas.

CH Diddordebau

Yn achos y tad:

Mae ei ddiddordebau fel Cymro yn cynnwys rygbi.

Fe fyddech chi'n disgwyl hynny, rywsut. A hefyd diddordeb Mamgu:

Does dim gwahaniaeth pa awr o'r dydd yw hi, mae yna aroglau ffresh bara neu roc cakes yn dianc o'r rayburn. Dyletswydd ei theulu, yn ôl Mamgu, yw galw i'w gweld bob dydd a stwffio eu boliau nes eu bod yn methu â chodi o'r seddi hen ffasiwn.

D Diweddglo perthnasol i'r testun

Fe gewch chi benderfynu a yw'r diweddglo yn addas i'r testun yn y ddwy enghraifft hyn.

Diweddglo 'Mamgu'

Cymru yw dechrau a diwedd y byd i mamgu. Pe byddai ynghanol llond ystafell o Saeson yr un oed â hi, byddai'n sefyll allan. Mae hi'n meddwl yn Gymraeg, yn edrych yn Gymraes, mae'n gariadus ac yn caru ei hiaith.

Diweddglo 'Dad'

Byddai rhai'n dweud na all fy nhad fod yn Gymro go iawn am nad yw'n siarad Cymraeg. Ond nid hynny sy'n gwneud Cymro. Mae'n credu taw Cymru yw'r wlad orau yn y byd ac mi fyddai, o fewn rheswm, yn barod i wneud unrhywbeth dros ei wlad a'i phobl. Hyn, yn fy marn i, yw beth yw Cymro go iawn, rhywun sy'n caru ei wlad. Gwladgarwr.

Darllenwch y ddau glo'n uchel. Sylwch ar hyd y brawddegau a chlywch eu rhythmau.

Edrychwch dros eich gwaith: ar y berfau, y treigladau, y sillafu a'r atalnodi.

PWYSIG

YMARFER

1 Ysgrifennwch bortread o berson rydych chi'n ei adnabod.

Gwnewch gynllun sy'n dilyn trefn yr enghreifftiau uchod: eu golwg; eu syniadau a'u teimladau; eu diddordebau; diweddglo perthnasol.

Llunio stori
Gwaith cwrs (tasg 3) a'r arholiad allanol (Adran B)

RHAID

➤ Cofio bod pedwar cam mewn stori dda:

- cynllun da
- cymeriadau byw
- deialog naturiol
- cychwyn a chlo effeithiol

A Cynllunio'r digwyddiadau

PWYSIG

Peidiwch â dechrau drwy ysgrifennu. Cofiwch mai cynllunio yw'r cam cyntaf bob tro.

1 Dechreuwch drwy daro eich syniadau ar bapur.

2 Nodwch y digwyddiad cyntaf ac unrhyw fanylion sy'n dod i'ch meddwl.

3 Nodwch yr ail ddigwyddiad. Ceisiwch weld y digwyddiad hwnnw.

B Y cymeriadau

Nawr mae'n amser meddwl yn fanwl am y cymeriadau. Rhowch enw i bob un, dychmygwch sut maen nhw'n siarad, ac yna ceisiwch **weld**:

- **eu pryd a'u gwedd** – lliw llygaid, math o wallt, trwyn, gên
- **osgo ac arferion** – eu ffordd o gerdded, eu dwylo
- **eu gwisg**
- **eu personoliaeth** – ydyn nhw'n hapus / trist / sarrug?

PWYSIG

Wedi i chi ddechrau ysgrifennu, arhoswch a darllenwch dros eich gwaith. Cofiwch am y rhestr uchod.

C Cynnwys deialog

Dyma addasiad o'r nofel *Ysglyfaeth* gan Harri Pritchard Jones. Mae'n dechrau gyda deialog, a'r ddeialog sy'n cyflwyno'r ddau gariad.

Cw.
Ble ydyn ni? Yn Iwerddon neu yng Nghymru?

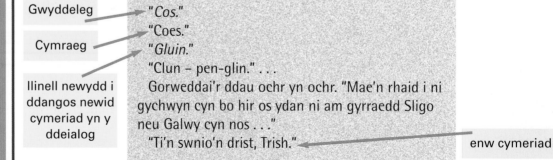

Gwyddeleg

Cymraeg

llinell newydd i ddangos newid cymeriad yn y ddeialog

"*Cos.*"
"Coes."
"*Gluin.*"
"Clun – pen-glin." . . .
    Gorweddai'r ddau ochr yn ochr. "Mae'n rhaid i ni gychwyn cyn bo hir os ydan ni am gyrraedd Sligo neu Galwy cyn nos . . ."
    "Ti'n swnio'n drist, Trish."

enw cymeriad

C

Cw.
Sut ydych chi'n gwybod pwy sy'n siarad?

"Ydw i? . . . . . un fel 'na ydw. Y Celt yno i fasa'r Saeson yn ddeud."

"Dwi byth yn siŵr efo chdi."

"Oriog, fel y tywydd." Trodd Gareth, syllu ar y groes ym mhwll ei gwddf, yna'i byseddu'n betrus.

"Ti'n dal i 'styriad dy hun yn Babyddas, Trish?"

"Gareth Hughes! Y fath gwestiwn i ofyn ar adeg fel hyn!"

personoliaeth

mwy am y cefndir drwy'r ddeialog

Y ddeialog sy'n dweud mewn ychydig linellau ac mewn ffordd fyw iawn beth yw:

- enwau'r ddau
- pa mor agos yw eu perthynas
- y tensiynau rhyngddyn nhw

CH Cychwyn a chloi

Cychwyn

Dyma ddechrau stori gan Gwyneth Glyn a enillodd yn Eisteddfod Genedlaethol yr Urdd 1998. Wedi ei siomi mewn cariad y mae'r ferch, ac mae hi'n gweithio ar y til mewn archfarchnad. Dydyn ni ddim yn cael gwybod ei henw hi. Colin yw enw ei gŵr.

Cychwynnodd ei diwrnod gyda 'bîp' y peiriant prisio wrth iddi symud y nwyddau heibio'r golau coch. Gweithiai ei braich yn fecanyddol.

Cw.
Sut mae'r awdur yn awgrymu ble mae'r ferch yn gweithio?

Clo

Wrth i'r stori ddatblygu, cawn wybod llawer am ei bywyd hi gyda Colin. Byd moethus gwraig cyfreithiwr. Bywyd a bwyd yn wledd wrth i'w meddwl wibio'n ôl ac ymlaen o'r gorffennol gyda Colin i'w phresennol wrth y til.

Ar ddiwedd y stori, mae'n dal i basio nwyddau, ond, yn sydyn, mae'n sylweddoli ei bod yn trafod yr un math o fwyd ag roedd hi'n arfer ei brynu gyda Colin. Mae'n codi ei llygaid. Colin sydd yna? Nage. 'Dyn ifanc â thinc merchetaidd yn ei lais.' Yna:

brawddegau byrion i gyfleu'r sioc

Peidiodd y pasio. Peidiodd popeth yr eiliad honno. Sythodd. Craffodd. Caeodd ei llygaid. . . .

"Turkish Delight," sibrydodd yn anghrediniol . . . doedd bosib . . .

"Ow, ia, Turkish Delight." Hefo gwên hanner-swil, hanner-cyfrinachol.

"Ma' Coli-woli'n hoff iawn o'i Turkish Delight."

ergyd galed

YMARFER

1 Ewch at unrhyw stori a ysgrifennoch chi yn B10 neu B11. Edrychwch arni'n feirniadol. Ydy'r PEDWAR cam yno?

Ailysgrifennwch rannau o'r stori eto. Cofiwch roi sylw i'r berfau, y treigladau, y sillafu a'r atalnodi. Darllenwch un paragraff yn uchel.

Os ydych chi'n hapus wedyn, dyna ni.

Gwaith cwrs – tasg greadigol wedi ei seilio ar ddrama

Er mwyn ysgrifennu ymson neu ddyddiadur neu lythyr rhaid i chi adnabod y cymeriad sy'n ysgrifennu'n wirioneddol dda. Felly, yn yr enghraifft isod, byddai angen i'r awdur fod wedi darllen y ddrama sawl gwaith a chofnodi'r hyn:

- y mae cymeriadau eraill yn ei ddweud am Leni
- y mae e'n ei ddatgelu amdano ei hun
- sy'n cael ei awgrymu amdano yn y ddrama.

Yn eich gwaith creadigol chithau, bydd rhaid i chi barchu personoliaeth y cymeriad sy'n ysgrifennu, ond cofiwch hefyd fod lle i chi ddefnyddio eich dychymyg a datblygu'r hyn sy'n cael ei awgrymu yn y ddrama. Rhaid dehongli'r hyn sy'n cael ei awgrymu ac ehangu ar y gwreiddiol er mwyn cyrraedd y graddau uchaf. Hefyd, cofiwch gynnal y dafodiaith yr ydych chi wedi ei dewis drwy'r dasg.

Cyn dechrau ar eich gwaith cwrs, astudiwch y detholiad isod a sylwch ar ei gryfderau. Mae'r disgybl yn ysgrifennu cyfres o ymsonau creadigol yn seiliedig ar y ddrama *Leni* gan Dewi Wyn Williams.

Rhan o Ymson 1
Act 1 – yn dilyn y gwrthdaro rhwng Leni ac Alis, tud. 17–24

Brawddegau byrion i agor, yn awgrymu cyflwr meddwl Leni

Leni yn ei holi ei hun, yn dangos ansicrwydd ei gymeriad

Cyfeirio'n benodol at y ddrama

Defnyddio'r person cyntaf

Tafodiaith ogleddol yn cael ei defnyddio'n gyson

Perfformiad gwych heno. Cynulleidfa grêt. Dw i bron â llwgu erbyn hyn. Ma'r pot Noodle 'na'n teimlo reit unig yn fy stumog i. Ond 'na fo, rodd Alis siŵr o fod yn rhy brysur efo'r Gymdeithas Gramaffon a feddyliodd hi ddim am roi rhywbath yn y popty i mi i swpar. Stori 'i bywyd hi a deud y gwir – dydy hi erioed wedi eisio rhoi 'bun in the oven' fel petai.

Ia y Gymdeithas Gramaffon. Pam rodd isio iddi ymuno â'r fath gymdeithas? Be dw i wedi neud iddi? Ma'n rhaid bod i bywyd hi'n wag iawn cyn bod hi'n mynd i'r fath le. Dw i'n gallu dallt pam fod Marc isio dianc rhag y 'ddamwain ar goesa' sy ganddo fo fel gwraig. Pam rodd rhaid iddo fo gymryd Alis oddi wrtha i?

Fy mai i ydy'r cyfan a deud y gwir. Ron i'n meddwl yn y gwely neithiwr bod Alis erbyn hyn yn ddynas ddiarth, fel taswn i ddim yn 'i nabod hi. Dw i wedi bod yn anwybyddu gormod arni'n ddiweddar a hitha'n f'anwybyddu inna. Fi rŵan yn synnu 'i bod hi'n cael affêr!!

Sgwn i ydy hi 'di sylweddoli 'mod i'n **gwbod** am 'i **gema** bach hi efo Marc. **Falla** y **dylswn i ddeud** wrthi cyn y 'Dolig, neu falla **basa** hi'n well ar ôl y **gwylia**. **Waeth pryd!** Ma'n priodas ni wedi chwalu a does dim y galla i **neud** . . .

Rhan o Ymson 2
Act 1 – yn dilyn ymweliad Leni ag Ellis ei feddyg, tud. 30–4

Cynnal y dafodiaith a datblygu'r gwaith	Ron i'n **gwbod** bod **rhwbath** o'i le **y funud gerddas** i mewn i'r syrjeri. Dodd Ellis, 'rhen ffrind ddim mor serchog ag **arfar**, ei **wynab** di-emosiwn yn **deud** y cyfan.
Brawddeg un gair i dynnu sylw	Ma'r gair erchyll 'na'n neud i nghorff i grynu bob tro dwi'n 'i glywad o. Gair sy'n creu ofn. Cansar. Chwe mis i fyw. Dw i ddim yn credu bod y peth wedi nharo i'n iawn eto.
Tynnu ar ei brofiad o salwch ei dad	Y sigarets oedd y drwg wrth gwrs. Nhw achosodd cansar Dad 'fyd. Alla i ddim madda i fi fy hunan am brynu'r holl bacedi sigarets iddo fel anrhegion pen blwydd a Nadolig. Y sigarets laddodd o. Rodd llawar o'r bai arna i. Y cof o
Gofyn cwestiwn a'i ateb	eistadd wrth 'i wely o yn yr ysbyty am wythnosa'n dal mor fyw. Wythnosa ola 'i fywyd o. Dodd o ddim yn fyw mewn gwirionadd. Allwch chi ddim galw gorwadd ar wely a'r meddyg wedi y'ch llenwi chi â morffin yn byw bywyd. Dw i ddim isio gorffan mywyd inna, fel gwnaeth Dad druan. Pam? Falla am mod
Ailadrodd effeithiol er mwyn pwyslais	i'n gachwr. Yn ormod o gachwr i frwydro fel y gwnaeth o. Yn ormod o gachwr hefyd i ddeud wrth Alis fel dw i 'di addo i Ellis.

Rhan o Ymson 3
Nos Nadolig ar ddiwedd y ddrama

Cyfres o gwestiynau yn dangos ei ansicrwydd	Dw i'n medru teimlo'r dagra'n llithro'n araf i lawr fy wynab i, ac ma 'na deimlad rhyfadd yn ymledu drwy fy nghorff i gyd. Rhyfadd. Pam? Edifar? Hapusrwydd? Casineb? Dw i ddim cweit yn siŵr.
Datblygu'r gwaith	Ydw i'n difaru deud wrth Marj am Alis a Marc? Nag dw, dim o gwbwl. **Dyla** hi fod wedi cael **gwbod** cyn **rŵan** bod ei gŵr annwyl yn **gythral** dauwynebog.
Cynnal y dafodiaith	Ond dw i'n difaru gneud un peth. Dw i'n difaru mod i 'di siarad â Marj fel y gwnes i a dyw'r ffaith mod i wedi bod yn yfed ddim yn esgus. Efalla ei bod hi'n hypocondriac ac yn gneud môr a mynydd o'i salwch bach pitw hi. Ond sut
Cyflwyno'r hyn sy'n cael ei awgrymu yn y ddrama	odd hi fod wbod mod i'n diodda o gansar? Ddylwn i ddim fod wedi ei gwawdio hi a'i gwneud hi'n destun sbort. Odd yr hyn wnes i'n greulon a dw i'n teimlo trueni drosti hi ond teimlo dim trueni dros y sbrigyn truenus o ŵr sy ganddi.
Cyferbyniad effeithiol	Erbyn hyn ma realiti petha'n dechra mwrw i. Be sy gen i ar ôl? Dim Blackpool, dim dyfodol, dim Alis, dim byd, dim ond Azaelia Japonica a ffeil o ffacs na
Clo trawiadol yn awgrymu gobaith	fydda i yma i'w ddefnyddio. Ond, diolch byth, ma Alis 'di cytuno dod efo fi i Awstria.

Gwaith cwrs – tasg feirniadol wedi ei seilio ar ddarllen personol

Cyn dechrau ysgrifennu, astudiwch y detholiad isod a sylwch ar ei gryfderau:

- defnydd o iaith ffurfiol
- croesgyfeirio rhwng y storïau
- datblygu dadleuon
- trafod y cynnwys a'r arddull.

Dewisodd y disgybl hwn ysgrifennu ymateb beirniadol i gyfres o storïau byrion: 'Nia' gan Mihangel Morgan; 'Mae'n Ddrwg Gen i, Joe Rees' gan Eleri Llewelyn Morris; 'Y Taliad Olaf' gan Kate Roberts. Dyma ran o'r gwaith.

Gosodiad pendant wrth agor sy'n cyflwyno prif thema'r gwaith	Mae cymdeithas yn medru bod yn greulon. Cred llawer mai byw bywyd i'r eithaf sy'n bwysig, ond anodd gwneud hynny wrth fod yn rhan o gymdeithas. Mewn cymdeithas glòs cawn ein beirniadu am fod yn wahanol, bydd pobl yn llygadrythu wrth i berson geisio torri'n rhydd oddi wrth y bywyd confensiynol. Mae'r storïau a gaiff eu trafod yn darlunio cymdeithas sy'n caethiwo ac ysfa'r
Iaith ffurfiol	unigolyn am ryddid.
Trafod y cynnwys	Cymdeithas ffroenuchel yw'r un mae Nia'n perthyn iddi. Disgrifia'r awdur Mihangel Morgan nhw fel *'snobyddion wyneb i waered'*. Pentref busneslyd yw'r pentref gyda phawb am wybod a thrafod hanesion pawb arall. Yn eironig, ystyria'r pentref Nia yn *'dipyn o snob oherwydd anaml y dywedai "hylo" wrthynt'*, ond mewn gwirionedd y gymdeithas ei hun oedd yn snobyddlyd, ac yn sicr nid Nia. Er mwyn darlunio ei bod yn wahanol dywed un o wragedd busneslyd y pentref am Nia:
Dyfynnu pwrpasol er mwyn cyflwyno tystiolaeth	*'Mae hi ddim yn lico chi'n siarad Sisneg ond mae hi'n rhy barod i gywiro'ch Cwmrêg chi wedyn. Wel, mae hi'n gallu darllen a sgrifennu Cwmrêg chi'n gweld.'*
Dangos dylanwad y gymdeithas ar Nia	Roedd pobl y pentref yn rhagfarnllyd tuag ati am nad yw yn ddigon cyffredin na gwerinol yn ôl eu safonau hwy, er y credai Nia ei bod hi'n byw bywyd digon normal. Penderfyna ddangos iddynt hwy ei bod yn rhan o'u cymdeithas er mor ffals ydyw. Teimla'r dyletswydd felly o gael partner er mwyn cydymffurfio â'r gymdeithas. Ond, ni ddewisodd yn ddoeth:
	'Mae'r doctor 'na, Dr Mansel Lloyd, wedi fy mradychu i. . . dw i'n deall ei fod e'n briod a dou o blant 'da fe.'
Iaith ffurfiol	Dengys hyn felly fod aelodau'r gymdeithas yn fodlon manteisio ar ei gilydd ac nad cymdeithas glòs sy'n fodlon cynnal breichiau ei gilydd mohoni. Llwyddodd

Datblygu drwy ddangos effeithiau'r dylanwad arni	

y gymdeithas ragfarnllyd, faterol i wneud cyff gwawd o Nia, ei gwneud yn unig a di-nod nes yn y diwedd mae'n trefnu priodas rhyngddi hi a Dr Mansel Lloyd, y gŵr priod, heb yn wybod iddo. Y gymdeithas a fu'n gyfrifol am ei gweithred ffôl drwy ei hystyried yn snob yn hytrach na sylweddoli mai merch swil ydyw.

Cysylltu'r ddwy stori

Trafod cymeriadau a'r gwahaniaethau rhyngddynt

Mae Nia'n gymeriad tebyg i Joe Rees mewn stori gan Eleri Llewelyn Morris ac mae'r gymdeithas hefyd yn debyg. Darlun arwynebol a gaiff y gymdeithas o'u bywydau, gan eu gwneud yn rhagfarnllyd tuag atynt. Yn y stori 'Joe Rees' caiff y gymdeithas faterol ei chynrychioli gan bobl *'sy'n byw eu bywydau o fewn deddfau bach distaw cymdeithas'*. Mae Joe Rees yn cynrychioli'r rhai hynny a gaiff eu gwrthod, ond teimla'n rhydd gan nad oes rhaid iddo gydymffurfio â'r *'rheolau bach hynny a ddyfeisiodd dyn yn ei ben'*.

Roedd Eleri'n wahanol i'r cymeriadau eraill ar y bws gan fod ganddi'r amser a'r amynedd *'i chwilio'n ddwfn o dan yr wyneb am ei wir gymeriad'*. Eto i gyd roedd Eleri'n gobeithio na fyddai neb roedd hi'n ei adnabod yn ei gweld yn eistedd wrth ei ymyl ar y bws. Fel Nia, roedd Joe'n unig ac yn wrthodedig a chwiliodd am sylw a sicrwydd drwy ddal yn llaw Eleri. Wrth adael y bws sylweddolodd Eleri mai Joe *'oedd y creadur mwyaf annwyl ar y bws'*.

Cysylltu'r drydedd stori trwy dynnu sylw at y gwahaniaeth rhwng hon a'r ddwy stori arall

Mae'r stori 'Y Taliad Olaf' yn wahanol am iddi gael ei lleoli mewn pentref ddechrau'r ganrif ddiwethaf ac mae'r prif gymeriad, Ffanni Rolant, mewn dyled. Bu mewn dyled i siop y pentref am hanner canrif, dyled a hawliodd mai yn y siop hon yn unig y gallai siopa. Roedd yn gaeth i'r ddyled yn y siop ac o ganlyniad, ar ôl mynd yno'n wythnosol ar hyd ei hoes, *'y ffordd hon o'i thŷ i siop Emwnt oedd ei chofiant'*.

Dyfynnu pwrpasol

Trafod arddull

Darlun trist a gawn o'r siop, *'anger llwyd hyd y ffenestr a'r golau gwan'* yn gwneud iddi deimlo mai *'siop yn y wlad oedd y drych tristaf mewn bywyd'*. Roedd *'y cloriau du a'i bwysau haearn, y cistiau te duon'* yn symbolau o ddigalondid bywyd, *'ac yn symbol o'i bywyd undonog hithau'*. Wedi talu ei dyledion yn y siop gydag arian yr ocsiwn cafodd y rhyddid, ar ddiwedd ei hoes, i fynd i siop arall, *'lle'r oedd cownter coch, a chlorian a phwysau pres a'r siopwr yn gwisgo côt lwyd'*. Newidiodd arian yr ocsiwn ei byd ac *'fe droes un wraig i edrych ddwywaith ar Ffanni am ei bod yn gwisgo cêp yn lle siôl frethyn'*. Fel Nia felly mae'n gaeth i'w chymdeithas sy'n llygadrythu arni.

Cloi drwy gyd-gysylltu'r storïau

Cydymffurfiodd Ffanni â'r gymdeithas a dod yn aelod ohoni, yn wahanol i Nia a Joe sy'n difetha eu bywydau wrth wrthryfela yn erbyn y gymdeithas. Llwyddodd Ffanni hefyd i ddianc rhag ei dyledion a'i bywyd undonog ond, eto i gyd mae'n ymwybodol bod eraill yn dal yn gaeth wrth weld y siopwr *'a'i ben i lawr dros lyfr rhywun arall'*.

Trafod arddull

Dyma gwestiwn arholiad sy'n dangos gallu disgybl i sylwi ar arddull y nofelydd mewn golygfa yn y nofel *Wele'n Gwawrio* gan Angharad Tomos.

Cyn edrych ar yr ateb isod, darllenwch eto o ddechrau tud. 18 hyd at waelod tud. 20.

(ch) Sut mae'r awdur yn llwyddo i gyfleu naws arbennig yn yr olygfa hon? [6]

Cyfeiriwch at DAIR nodwedd arddull gan esbonio pam y maen nhw'n effeithiol.

Nodi un nodwedd	Llwydda'r awdures i ddisgrifio gardd Pill drwy **restru** beth oedd yno:
Dyfyniad	*'darnau o haearn a sbrings gwely wedi rhydu, briciau a hen ddarnau o goed wedi pydru.'*
Esboniad	Wrth restru'n foel yr hyn y byddai llawer o bobl yn ei alw'n sbwriel, heb ddefnyddio ansoddeiriau, heblaw 'hen', mae Angharad Tomos yn llwyddo i gyfleu naws ac awyrgylch yr ardd i ni. Wedi'r cwbl gardd *'heb fod ganddi unrhyw awydd i ddangos ei hun i neb'* ydoedd, ac felly mae'r arddull yn gweddu.
Nodi ail nodwedd	Mae'r gallu gan Angharad Thomas i **grynhoi** mewn un frawddeg fer a'r frawddeg honno'n dweud y cwbwl fel:
Dyfyniad	*'Rhyw nefoedd i 'nialwch oedd hi.'*
Esboniad	Daw'r frawddeg hon â'r olygfa'n fyw gan mai cyfeirio mae hi at y sbwriel a restrwyd uchod. Hefyd, mae'r ffaith ei bod yn gosod ochr yn ochr y geiriau *'nefoedd'* ac *'anialwch'*, sef dau air gwrthgyferbyniol hollol, yn creu naws arbennig yr ardd. Yn ogystal â'r ffaith bod yr ardd yn *'nefoedd i 'nialwch'* roedd yr ardd hefyd yn nefoedd i Pill, ac roedd mor wahanol i erddi cyffredin gan mai arbenigedd Pill oedd tyfu chwyn.
Nodi trydedd nodwedd	Mae hefyd yn gallu dangos dawn Pill fel garddwr drwy ei **ddisgrifio** fel:
Dyfyniad	*'telynor yn tynnu ei dannau, ac wrth wrando, byddai planhigion yn ymestyn allan o'r pridd dim ond i glywed ei gân.'*
Esboniad	Mae'n effeithiol oherwydd gwyddom fod Pill yn gymeriad sensitif a bod ganddo yr un ddawn i ddenu planhigion â'i fysedd ag sydd gan delynor i ddenu cân o dannau'r delyn. Câi telynor yr un dylanwad ar ei gynulleidfa ag a gâi Pill ar ei blanhigion. Sylwch fod yr awdur yn creu **trosiad** wrth gyfeirio at Pill yn delynor. Hefyd mae'n **personoli'r** planhigion wrth eu disgrifio'n gwrando ac yn ymestyn o'r pridd i glywed y gân.

Ydych chi'n gwneud ymdrech:

	✔	✗
* i ysgrifennu'n glir?		
* i ddarllen eich gwaith eich hun?		
* i gywiro eich gwaith?		

Faint o farciau sydd am gywirdeb? Rhowch ✔ yn y blwch priodol.

Dim ☐   ychydig o farciau ☐   hanner y marciau ☐   tri chwarter y marciau ☐

Defnyddio cymalau wrth drafod llenyddiaeth

1 Gwnewch yn siŵr eich bod yn gwybod ac yn defnyddio'r rhain:

fy mod i, dy fod di, ei fod ef, ei bod hi, fod y gerdd, ein bod ni, eich bod chi, eu bod nhw, fod y cerddi.

Sylwch sut mae cysylltu'r brawddegau hyn:

Mae hi'n nofel ddiddorol. Mae llawer o gynnwrf ynddi.
Mae hi'n nofel ddiddorol **am fod** llawer o gynnwrf ynddi.

Mae'n ddiddorol astudio'r cerddi. Maen nhw mor wahanol i'w gilydd.
Mae'n ddiddorol astudio'r cerddi **am eu bod nhw** mor wahanol i'w gilydd.

2 Byddwch yn siŵr eich bod yn gwybod ac yn defnyddio'r rhain hefyd:

i mi, i ti, iddo ef, iddi hi, i'r bobl, i ni, i chi, iddyn nhw

Sylwch sut mae cysylltu'r brawddegau hyn:

Mae hi'n nofel drist. Cafodd y prif gymeriad ei ladd.
Mae hi'n nofel drist **am i'r** prif gymeriad gael ei ladd.
Neu: Mae hi'n nofel drist **am fod** y prif gymeriad **wedi** ei ladd.

3 Gwnewch yn siŵr y gallwch chi ddefnyddio'r math hwn o gymalau:

Rwy'n gwybod. Bydda i'n mwynhau'r nofel.
Rwy'n gwybod **y bydda** i'n mwynhau'r nofel.
Roeddwn yn sicr. Byddwn i'n cofio'r dyfyniad.
Roeddwn yn sicr **y byddwn** i'n cofio'r dyfyniad.

4 Edrychwch ar y ddau gysylltair pwysig 'os' a 'pe'.

Ar ôl **os**, sylwch fod y ferf fel arfer yn yr amser presennol a'r amser dyfodol.

Os bydda i gartref heno, cei gyfle unwaith eto i ddarllen fy nofel
Cei farciau uchel **os byddi di'n darllen** y nofel sawl gwaith

Pan ddefnyddiwch **pe**, terfyniadau'r ferf yw:

iaith ffurfiol **–wn, –it, –ai, –em, –ech, –ent**
iaith lafar   **–wn, –et, –ai, –en, –ech, –en**

Pe bawn i'n dysgu'r cerddi yr wythnos yma, gallwn i fynd i'r sinema Nos Sadwrn.
Pe **bai** amser gen ti, dyl**et** ti ailddarllen y nofel.

Meddyliwch am fwy o frawddegau'n cynnwys **os** a **pe**.

5 Dysgwch y patrymau hyn.

Credaf ei bod hi'n nofel rymus: **gan nad oes** cymeriadau gwan ynddi.
                                            am fod digon o gyffro ynddi.
                                            er bod y diweddglo'n drist.

Gwyddwn y byddwn yn mwynhau'r cerddi: **cyn i mi** ddarllen pob un.
                                            gan eu bod nhw'n fodern.

Bydd yn rhaid astudio'r cerddi'n ofalus: **wedi i mi** orffen y cwrs.
                                            cyn yr enillaf farciau uchel.
                                            er mwyn llwyddo yn yr arholiad.
                                            fel y gallaf ateb y cwestiwn.
                                            rhag ofn y bydd arnaf angen dyfyniadau.
                                            os bydd digon o amser gen i.

VMARFER

1 Ysgrifennwch frawddegau yn dechrau gyda'r ymadroddion hyn. Dylai'r brawddegau
gyfeirio at eich cwrs llenyddiaeth Gymraeg:

Mae'n ffaith nad oes . . .   Ydy hi'n bosibl ei fod e/ ei bod hi . . . ?
Mae'n amlwg bod . . .   Ydy hi'n wir bod . . . ?
Mae'n drueni bod   Mae'n warthus nad yw . . .
Oes sicrwydd bod . . . ?

2 Cywirwch y rhain:

cyrsiau yn cael ei cynnal   ynglyn a'r
cefais sgwrs ar athro yng Nghymraeg dibynnu ar os yw'r sefyllfa
ac teimlaf   Cymru'n siarad Saesneg a'u gilydd
pan y mae'n rhaid iddynt osod   disgyblion yn cael ei ymestyn
doeddwn i methu deall   pam mor hawdd

Gwaith cwrs dan amodau arholiad – mynegi barn

Dyma ateb a gyflwynwyd mewn ffolio i'r prif arholwr. Y dasg oedd ysgrifennu traethawd yn mynegi barn am erthylu.

Paragraff 1 – agor y drafodaeth

Gwybodaeth ffeithiol wrth agor

Mynegi barn glir

Cynnig ateb

Iaith ffurfiol – sylwch ar ffurfiau byr y berfau

Ailadrodd i bwysleisio graddfa'r broblem

Geirfa briodol

Er 1967 pan gyfreithlonwyd erthylu, mae dros dair miliwn o fabanod wedi eu herthylu ym Mhrydain. Mae mwy o fabanod wedi marw na holl boblogaeth Cymru. Tair miliwn o fywydau wedi eu colli am byth. Credaf yn gryf fod yn rhaid gofyn y cwestiwn a ddylai deddfwriaeth y llywodraeth newid er mwyn sicrhau bod llai o fabanod yn marw o ganlyniad i erthylu, neu a ddylid hyd yn oed wahardd erthylu yn gyfangwbl.

Paragraff 2 –ymestyn y drafodaeth ar draws Ewrop

Dangos gallu i ehangu a datblygu pwyntiau

Ystyried safbwyntiau eraill yn fanwl

Safbwynt gwahanol eto

Geirfa briodol

Iaith ffurfiol

Mynegi barn glir eto

Yn y rhan fwyaf o wledydd Ewrop, mae erthylu yn gyfreithlon hyd at ddeuddeg wythnos beichiogrwydd, ffigwr llawer llai o gymharu â phedair wythnos ar hugain ym Mhrydain. Er hyn, nid oes sôn am unrhyw broblemau yn codi oherwydd deddfau mwy llym yn y gwledydd yma. Felly, beth sy'n rhwystro Prydain rhag cydymffurfio â rheolau gweddill Ewrop? Gall rhai ddadlau fod gosod rheolau mwy llym yn achosi i'r ferch geisio rhoi erthyliad i'w hunan, a rhaid cydnabod bod problemau wedi bod yn Iwerddon lle mae erthylu'n anghyfreithlon. Y gwir yw bod nifer helaeth o fudiadau fel 'Bywyd' yn rhoi cymorth i fenywod sy'n ystyried erthylu ac felly, yn fy marn, ni fyddai'n ormod o broblem pe bai erthyliadau'n fwy anodd i'w cael.

Paragraff 3 – safbwynt y babi

Trafod safbwynt newydd

Nodi tystiolaeth i gefnogi safbwynt

Iaith ffurfiol a geirfa addas eto

Defnyddio ymadroddion mynegi barn

Dros y blynyddoedd, dengys nifer o arbrofion meddygol bod system nerfol baban wedi'i sefydlu'n gyfangwbl erbyn diwrnod 20 y beichiogrwydd. Gallwch ddychmygu'n hawdd felly pa mor boenus yw'r erthyliad i'r baban sydd ddim o dan ddylanwad anesthetig fel y fam. Heb amheuaeth, mae'r dulliau erthylu a ddefnyddir yn gwbl annheg. Maent yn cynnwys rhoi pigiad halen i'r babi sy'n achosi iddo wingo ac i guriad ei galon beidio.

Paragraff 4 – yr effeithiau ar y fam

Brawddeg agoriadol yn rhoi testun y paragraff

Iaith ffurfiol

Rhaid cofio hefyd am yr effeithiau ar y fam. Dywed rhai fod gorfodi merch a gafodd ei threisio i gael baban yn gallu cael effeithiau seicolegol echrydus. Y gwir yw bod ystadegau'n dangos taw 22 erthyliad bob blwyddyn yn unig sy'n ganlyniad i drais. Wedi ystyried hyn, credaf yn gryf fod effeithiau cael erthyliad yn fwy difrifol o lawer. Maent yn cynnwys problemau corfforol, megis niwed i'r groth, . . . problemau seicolegol megis euogrwydd . . .

Geirfa addas

Barn glir eto, fel ym mhob paragraff

Rhestru tystiolaeth sy'n dod yma o gyhoeddiadau 'Bywyd'

Paragraff 5 – yr effeithiau ar y meddygon sy'n cyflawni'r erthyliad gyda dyfyniad yn Gymraeg o wefan Americanaidd, 'Abortionfacts'.

Paragraff 6 – trafod a ddylid erthylu plant anabl gyda dyfyniad yn Gymraeg o lythyr o'r *Daily Telegraph*.

Paragraff 7 – trafod mabwysiadu

Paragraff 8 – y clo

Wedi ystyried yr holl bwyntiau o blaid ac yn erbyn erthylu, rwyf wedi dod i'r casgliad fod erthylu yn ddull creulon ac annynol o gael gwared â bywyd. Yn fy marn i nid oes rheswm . . .
Gobeithiaf yn fawr y bydd deddfau'r llywodraeth yn newid yn y dyfodol agos i sicrhau bod dim mwy o fywydau'n cael eu colli'n ddiangen.

Barn glir eto

Brawddeg glo'n cysylltu â'r safbwynt yn y paragraff

Edrychwch ar yr ateb uchod a'i ddadansoddi. Ystyriwch:

1 Oes gwybodaeth yma? Oes tystiolaeth sy'n profi pob safbwynt? O ble mae'r wybodaeth yn dod?

2 Ydy'r awdur yn cyflwyno barn glir? Rhowch enghreifftiau.

3 Oes safbwyntiau gwahanol yma? Nodwch nhw.

4 Ydy'n trafod y safbwyntiau gwahanol?

5 Beth am iaith y traethawd? Nodwch enghreifftiau o ymadroddion da, brawddegau da a berfau ffurfiol.

Arholiad allanol cwestiwn 3 – dewis gwybodaeth

Darllenwch y ddau ddarn ar dud. 76, ac atebwch y cwestiynau isod.

HS Nodwch yn fyr bethau sy'n debyg neu'n wahanol rhwng y ddau ddarn. Rhoddir marciau i chi am **gymharu bwriadol a threfnus** yn y cwestiwn hwn. [10]

HU Cymharwch y ddau ddarn gan ddweud sut maent yn debyg ac yn wahanol. Peidiwch ag ymdrin â'r ddau ddarn ar wahân.

Cymharwch **dri** pheth o ddarn 1 â **thri** pheth o ddarn 2. [9]

Dylech gynnwys dyfyniadau o'r ddau ddarn i gefnogi eich sylwadau.

Yr un cwestiwn sydd ar gyfer yr Haen Sylfaenol a'r Haen Uwch. **Ond**, mae'r geiriau a'r marciau ychydig yn wahanol.

Dyma ateb posibl.

Yr hyn sy'n debyg

Dyma beth **sy'n debyg** yn y ddau ddarn. Mae'r **ddau**'n sôn am yr un digwyddiad, sef trychineb Medi 11 yn Efrog Newydd. Hefyd, **yn y ddau ddarn** cawn gyfeiriad at yr awyren yn taro'r tŵr a'r tŵr yn dymchwel. Edrych i fyny mae'r bobl **yn y ddau ddarn**.

Yr hyn sy'n wahanol

Ymateb newyddiadurwr sydd yn yr adroddiad yn *Golwg* ac ymateb beirdd sydd yn y gerdd. Adrodd yr hyn sydd wedi digwydd mae'r newyddiadurwr. Yn wahanol iawn i hyn, mae'r drychineb yn digwydd nawr, o flaen llygaid y beirdd.

Cawn eiriau'r llygad-dyst, Stephen Evans, yn adroddiad *Golwg* o'r hyn welodd e, fel y *'bagiau dal cyrff'* a welodd dipyn wedi i'r drychineb ddigwydd. Yn y gerdd does dim sôn am y cyrff. Mae'n rhy gynnar. Yma, mae'r *'ffrwydriad'*, y mwg yno o flaen y llygad a'r *'don o eira'* newydd ddigwydd, gan wneud i'r dynion ar y stryd edrych *'fel ysbrydion gwyn'*. Does dim delweddau yn adroddiad *Golwg* ond iaith sy'n adrodd yn glir beth ddigwyddodd.

Iaith cymharu

Pan mae pethau'n debyg:	Pan mae pethau'n wahanol:
● Mae'r <u>ddau</u> ddarn yn sôn am . . . ● Yn y <u>ddau</u> ddarn, cawn gyfeiriad at . . . ● Mae cymeriadau'r <u>ddau</u> ddarn wedi gweld y digwyddiad ac yn ei ddisgrifio yn yr <u>un</u> ffordd.	Dyma enghreifftiau posibl: ● Does dim ansoddeiriau mewn un darn <u>ond</u> mae iaith gyfoethog yn y llall. ● Adrodd yr hyn sydd <u>yn</u> digwydd a wna un darn, ac adrodd yr hyn sydd <u>wedi</u> digwydd a wna'r llall. ● Darn llawn symud a sŵn yw un, <u>ond</u> tawel a digyffro yw'r llall.

Cymharu iaith ac arddull dau ddarn darllen

Darllenwch y ddau ddarn ar dud. 76.

Cymharwch iaith ac arddull a disgrifiadau yn y ddau ddarn. Soniwch am **dair** nodwedd o ddarn 1 a **thair** nodwedd o ddarn 2.

Dylech drafod effeithiolrwydd yr iaith, arddull a'r disgrifiadau. [15]

Dylech gynnwys dyfyniadau o'r ddau ddarn i gefnogi eich sylwadau. [4]

Dyma enghraifft o ateb da i'ch helpu i ennill cymaint o farciau â phosibl.

Nodwedd 1

Nodwedd 2

Nodwedd 3

Arddull adroddiad papur newydd sydd yn *Golwg* sy'n gwbl wahanol i arddull farddonol y gerdd. Defnyddir amser gorffennol y ferf i sôn am yr hyn a ddigwyddodd ac i roi manylion nad yw'r gerdd yn ceisio eu rhoi. Mae dyfyniad tyst i'r digwyddiad yn rhan arferol o adroddiadau newyddiadurol. Roedd Stephen Evans yno ac mae ei eiriau yn yr amser presennol, *"Dyw e ddim yn ymddangos yn real i mi"* a hefyd *"Un olygfa sy'n dal i anfon frisson bach trwydda i."* Mae geiriau llygad-dyst yn dod â'r digwyddiad yn fyw, yr ofn a'r drasiedi, o weld '*y bagiau dal cyrff.*'

Nodwedd 1

Nodwedd 3

Sylwch ar y defnydd o ddyfyniadau trwy'r ateb

Trafod effeithiolrwydd delweddau

Ymateb personol yr ymgeisydd yn glo effeithiol

Mae arddull y gerdd yn gwbl wahanol. Ychydig iawn o ferfau sydd yn y gerdd. Teimlwn y syndod yn y llinellau byr, '*Ffrwydriad!*' a '*Golygfa erchyll*'. Mae'r cyfan yn ddramatig a'r delweddau yn fyw iawn. Mae'r '*awyren yn roced farwolaeth*', a'r '*mwg yn fadarch*', a '*canol dinas yn llosgfynydd*'. Nid yn unig mae'r trosiadau hyn yn effeithiol iawn ac yn frawychus, mae'r cymariaethau hefyd yn rhoi darlun o'r '*trigolion fel ysbrydion gwyn*', a '*phobl drist fel morgrug*', fel roedd yr awyren '*yn rhoi naid fel cath*'. Mae pob un o'r delweddau hyn yn fyw iawn ac yn adlewyrchu'r hyn deimlon ni y diwrnod ofnadwy hwnnw pan welon ni'r digwyddiadau erchyll ar y teledu. Cawn ddarlun byw o sydynrwydd yr ymosodiad, pa mor ddramatig, annisgwyl ac erchyll oedd yr holl beth lle nad oedd gobaith dianc i nifer fawr o bobl.

Nodwedd 2

Nodwedd 4

Dyma **ddau ymateb cwbl wahanol** i'r un drychineb a'r ddau yn effeithiol iawn yn eu ffordd eu hun.

1 Dewis gwybodaeth – tud. 72

1 Cyn edrych ar y darnau darllen, fe ddylech chi ddarllen y cwestiwn – *Cywir neu Anghywir?*

2 Pan ddarllenwch am y tro cyntaf, rhaid deall pob dim – *Cywir neu Anghywir?*

3 Dyw tanlinellu ddim yn werth y drafferth – *Cywir neu Anghywir?*

4 Does dim angen darllen y darnau fwy nag unwaith – *Cywir neu Anghywir?*

2 Llunio diweddglo newydd – tud. 68

Ar ôl darllen y stori, 'Mynd i nofio', a hefyd darnau 1 a 2, tud. 68-9 llenwch y colofnau.

	Darn 1	Darn 2	Tebyg / annhebyg
Sut mae'r ddau ddarn yn dechrau?			
Pa gymeriad sy'n siarad gyntaf?			
Oes cyfeiriadau at y graig ac at y gallu i nofio?			
Pa fanylion eraill sy'n dod o'r stori?			
Sut mae'r merched yn cael eu hachub?			
Rhowch enghreifftiau o hiwmor.			
Sut mae'r ddau ddarn yn gorffen?			

Beth yw eich barn chi ar:

- y ddau ddiweddglo newydd
- rhediad y stori
- y cychwyn a'r diweddglo?

Ydy'r ddau ddarn yn cadw at awyrgylch y stori?

3 Ysgrifennu llythyrau – edrychwch ar dud. 78

1 Mewn llythyr **i gwmni cyhoeddus**, a fyddwch chi'n ysgrifennu:

cwato *neu* cuddio   / ron i *neu* roeddwn i /   'da fi *neu* gyda fi *neu* gen i?

Tanlinellwch eich dewis.

2 Mewn llythyr ffurfiol, sut byddwch chi'n:

agor y llythyr _____?
cloi'r llythyr _____?

Sawl cyfeiriad fydd ar y llythyr ffurfiol hwn?   Un neu ddau?

3 Mewn llythyr at ffrind, sut byddwch chi'n:

agor y llythyr _____?
cloi'r llythyr _____?

Sawl cyfeiriad fydd ar y llythyr hwn?

4 Cyn mynd ati i ysgrifennu llythyr, beth mae'n rhaid ei wneud yn gyntaf?

4 Ysgrifennu ymson neu ddyddiadur – edrychwch ar dud. 70 a 84

1 Byddwch yn dewis iaith **lafar** ac yn ysgrifennu:

naill ai *taid* neu _____   *nawr* neu _____
fyny'r grisiau neu _____   *llaeth* neu _____

2 Gwell defnyddio ffurf **lafar** berfau:

nid *euthum i* ond _____   nid *yr oeddwn i* ond _____
nid *dywedais i* ond _____   nid *y maent hwy* ond _____

Hefyd nid *ohonynt hwy* ond _____   nid *amdanaf fi* ond _____

3 Bydd llawer o'ch brawddegau chi yn _____ ac nid yn hir.

4 Does dim rhaid rhoi _____ ym mhob brawddeg fel mae rhaid wrth ddefnyddio iaith ffurfiol.

5 Mewn **ymson** neu mewn **dyddiadur** fe fyddech chi'n ysgrifennu:
dw i'n clywed sŵn = _____
cwrddais i â Jo ddoe =_____

5 Atalnodi

Ar ddiwedd cwestiwn, rhaid rhoi _____.
I ddangos syndod, byddwch yn rhoi _____ .
I ddangos bod rhywun yn siarad, rydyn ni'n defnyddio _____ ar y dechrau a _____ ar y diwedd.
Pan mae person newydd yn siarad, rydyn ni'n dangos hyn drwy _____ _____ .

6 I ysgrifennu stori dda – edrychwch ar dudalennau 88 a 66 a nodwch y camau:

cam 1 yw _____

cam 2 yw _____

cam 3 yw _____

cam 4 yw _____

Yma, fe gewch chi esboniad ar rai o'r termau a ddefnyddir yn y llyfr hwn. Gwnewch yn sicr eich bod yn eu deall ac yn gallu eu defnyddio'n gywir yn eich atebion.

Llenyddiaeth

Ailadrodd

Gall awdur ailadrodd gair, neu ailadrodd patrwm brawddeg er mwyn cysylltu syniadau a phwysleisio:

'**Yn siop Harri Jôs** *y bu ei deulu erioed yn siopa.* **Yn siop Harri Jôs** *yr arferai ef siopa ar ôl colli ei rieni ac* **yn siop Harri Jôs** *yr oedd am ddal i gael ei neges.'* (*Ac Yna Clywodd Sŵn y Môr*)

Er mwyn pwysleisio hyfrydwch byd natur mae Dafydd Iwan yn ei gerdd 'Pam fod eira'n wyn' yn ailadrodd: '**Pan fydd** *haul . . .*', '**Pan fydd** *gwynt . . .*', '**Pan fydd** *blodau . . .*'

Canu caeth

Cerddi mewn **cynghanedd** yw'r rhain. Y mesurau mwyaf cyffredin yw'r **englyn** a'r **cywydd**. Pan fydd bardd yn defnyddio mwy nag un mesur caeth rydyn ni'n galw'r gerdd yn **awdl**. Sŵn geiriau, sain cytseiniaid a phleser odl yw cynghanedd. Rhaid apelio at y glust, a dylai hefyd gyfoethogi ystyr a naws geiriau.

Canu rhydd

Unrhyw gerdd nad yw yn y mesurau caeth. Mewn rhai cerddi bydd patrwm pendant i'r **odl** ac yn nifer y **sillafau** mewn llinell, er enghraifft 'Y Llwynog'. Mae cerddi eraill heb batrwm pendant o ran odl neu hyd y llinellau, sef cerddi yn **y wers rydd** neu **vers libre**, er enghraifft 'Er Cof am Kelly'. Bydd **y wers rydd gynganeddol** yn defnyddio cynghanedd ond fydd hi ddim yn dilyn patrwm pendant o ran odl a hyd llinellau e.e. 'Etifeddiaeth'.

Cyflythreniad

Cyfatebiaeth cytseiniaid neu seiniau cyntaf geiriau. Caiff y term hwn ei orddefnyddio, a rhaid bod pwrpas pendant iddo cyn i chi dynnu sylw ato. Peidiwch â chyfeirio at gyflythreniad mewn llinellau o gynghanedd gan fod cyfateb cytseiniaid yn rhan allweddol o bob cynghanedd heblaw'r gynghanedd Lusg. Gall cyflythreniad fod yn effeithiol i gysylltu geiriau â'i gilydd:

'*Moesymgrymodd.*
Meidrolodd,
Ei mwytho . . .' ('Er cof am Kelly')

Cyffelybiaeth – cymhariaeth

Weithiau bydd awdur yn gosod dau beth ochr yn ochr er mwyn eu cymharu a dangos y tebygrwydd rhyngddynt. Yn aml, bydd cyffelybiaeth ar ei mwyaf effeithiol wrth i awdur osod dau beth annhebyg ochr yn ochr a gwneud i chi feddwl am y cysylltiad rhyngddyn nhw.

Gall **cyffelybiaethau** hefyd fod yn gymorth i greu awyrgylch swynol ac i harddu cerdd. Er enghraifft yn 'Pam fod eira'n wyn', dywed Dafydd Iwan: '*dagrau* f'anwylyd **fel** *gwlith ar y gwawn*'.

Bydd rhai'n defnyddio'r gair 'cymhariaeth' am gyffelybiaeth.

Delweddau

Mae delwedd yn cyfleu syniad drwy lunio darlun. Weithiau bydd awdur yn defnyddio **cyffelybiaeth** neu **drosiad** neu **symbol** i greu delwedd. Er enghraifft, yn y gerdd 'Damwain' cawn y llinell: '*Ac y mae'r meclin yn llithrig gan einioes.'* Yn y ddelwedd hon llwydda Gwyn Thomas i asio wrth ei gilydd y difrod a wnaed i'r car ochr yn ochr â marwolaeth Arwyn.

Beth sy'n gwneud delwedd dda? Bydd delweddau ffres a newydd yn gwneud i ni feddwl, ond mae dweud bod noson dywyll iawn 'fel bol buwch' wedi ei ddefnyddio gymaint o weithiau nes ei fod yn aneffeithiol.

Dychan

Tynnu sylw at ffaeleddau a ffoliaeth dyn drwy ymosod yn ffraeth, drwy greu sbort, dyna ydy dychan. Yn y nofel *Llinyn Trôns* mae Llion Jones yn cael ei alw'n *'Llinyn Trôns'* ac yn *'coesau dryw'* am ei fod mor denau. Gall dychan hefyd fod yn ffordd o wawdio fel yn y gerdd 'Etifeddiaeth': '*gwymon o ddynion / heb ddal tro'r trai.'* Anodd fyddai cael llinellau mwy dychanol na'r llinellau hyn.

Eironi

Defnyddio geiriau mewn ffordd lle mae eu hystyr yn groes i'w hystyr arferol yw hanfod eironi. Yn y gerdd 'Far Rockaway' mae Iwan Llwyd, yn hytrach na gweld yr heddlu fel swyddogion bygythiol yn cario gynnau, yn eu gweld fel beirdd yn '*sgwrsio efo'u gynnau'n glên'*.

Gair teg

Cyfeirio at rywbeth annymunol drwy roi enw dymunol iddo. Gwneir hyn rhag brifo teimladau neu i leddfu'r ergyd. Mae hyn yn gyffredin wrth gyfeirio at angau. Sylwch ar R. Williams Parry yn defnyddio *'gorffwyso'* a *'huno'* yn hytrach nag *'angau'* neu *'marw'* yn 'Hedd Wyn'.

Gwrthgyferbyniad

Gosod geiriau neu gymalau gwahanol eu hystyr ochr wrth ochr er mwyn amlygu'r gwahaniaeth rhwng y naill syniad a'r llall, neu i bwysleisio un agwedd arnynt. Mae Meirion MacIntyre Huws yn ei awdl 'Gwawr' yn defnyddio gwrthgyferbyniad rhwng dau ansoddair a gwrthgyferbyniad hefyd rhwng *'un nos'* a *'mis'*:

> *'un nos* **oer** *sy'n fis o ha',*
> *a'i thorf yn* **boeth** *o eirfa'*

Personoli

Wrth bersonoli, bydd awdur yn rhoi nodweddion dynol i wrthrych nad yw'n ddynol. Yn y gerdd 'Glas', er enghraifft, mae'r môr *'yn rhowlio chwerthin'.*

Symbol

Gall symbolau gynrychioli syniadau, personau neu bethau. Er enghraifft yn y gerdd 'Coed' mae'r *'tair croes'* yn symbol o groesholiad Iesu Grist ar y groes yn Golgotha rhwng y ddau leidr. Mae'r *'dail crin'* yn 'Dysgub y Dail' yn symbol o freuder bywyd dyn ar y ddaear.

Trosiad

Mewn trosiad bydd awdur yn dweud bod rhywbeth yn rhywbeth arall. Bydd yn gwneud hyn er mwyn dangos tebygrwydd. Yn *Cysgod y Cryman* darllenwn fod y glaw *'*yn **llen lwyd***'*; y cae *'wedi llosgi'n* **ddwrn cochddu***'*; a bod *'y nefoedd yn* **blwm***'*.

Er mwyn cyfleu pleser, mae Meirion MacIntyre Huws yn ei awdl 'Gwawr' yn pentyrru trosiadau. Dyma un:

> *'yma'n goelcerth o chwerthin'*

Iaith

Iaith lafar – arddull anffurfiol

Rydyn ni'n defnyddio iaith lafar wrth siarad. Edrychwch am eiriau tafodieithol fel *nawr/ rŵan, llaeth/ llefrith, taid/ tad-cu* yn y ddeialog yn eich nofel.

Os byddwch yn creu **ymson** neu **ddyddiadur**, yna dylech ddefnyddio iaith lafar. Rhai o nodweddion yr iaith lafar yw brawddegau byrion, hanner ateb i gwestiwn, brawddeg heb ferf, ffurfiau llafar ar ferfau fel *es i, dw i, fe gerdda i* a ffurfiau llafar ar enw fel *coese/ coesa.*

Iaith safonol – arddull ffurfiol

Mewn traethawd mynegi barn neu adroddiad, er enghraifft, bydd yr iaith yn safonol. Cewch frawddegau cyfan, ffurfiau berfol megis *edrychodd, gwelsant, cânt,* ac fe welwch arddodiaid fel *ohonynt hwy* ac nid *ohonyn nhw, gennym ni* ac nid *gynnon ni* neu *gyda ni.*

Idiomau

Idiomau yw ymadroddion megis *gwneud fy ngorau glas, cau pen y mwdwl, rhoi'r ffidil yn y to, mynd dros ben llestri.* Wrth werthfawrogi cerdd neu ddarn o ryddiaith, fe allwch chi ddweud bod defnyddio idiomau yn dangos pa mor gyfoethog a chyhyrog yw iaith awdur.

Termau ieithyddol

(i) ansoddeiriau

Gair sy'n disgrifio enw yw ansoddair. Yn yr arholiad mae'n bosibl y cewch chi gwestiwn ar ddefnydd awdur o ansoddeiriau. Sylwch ar yr ansoddeiriau yn y dyfyniad hwn:

> *Sylwodd ar gefn* **syth ac urddasol** *Rowland Ellis a'i sgwyddau* **llydan**. *Bron yn fenywaidd oedd y gwallt* **hir, cyrliog** *a'r dwylo* **main** *o dan y ryffl o sidan* **du**.

ii) berfau

Gair i ddangos gweithred yw berf. Gall awdur wneud defnydd amlwg o ffurfiau byrion y ferf er mwyn creu cyffro neu ddigwyddiad cyffrous.

> **Dechreuodd** *Dorcas weiddi am help.* **Peidiodd** *y gwragedd . . .* **Cododd** *y bechgyn . . .* **Gwaeddodd** *un o'r gwragedd* **a theimlodd** *Dorcas afael Shadrach . . .* **Fe'i rhwygodd** *ei hun yn rhydd a rhedodd.* **Daliodd** *i redeg . . . (Y Stafell Ddirgel)*